최종 합격을 위한

추가 학습

30%

**본 교재 인강
30% 할인쿠폰**

DA8F657275244YHK

해커스잡 사이트(ejob.Hackers.com) 접속 후 로그인 ▶ 사이트 메인 우측 상단 [나의 정보] 클릭 ▶
[나의 쿠폰 - 쿠폰/수강권 등록]에 위 쿠폰번호 입력 후 강의 결제 시 사용

• 쿠폰 유효기간: 2026년 12월 31일까지(ID당 1회에 한해 등록 가능)
• 본 교재 인강 외 이벤트 강의 및 프로모션 강의에는 적용 불가. 쿠폰 중복 할인 불가합니다.

자소서 템플릿

KB8421ERD12ES123

해커스잡 사이트(ejob.Hackers.com) 접속 후 로그인 ▶ 사이트 메인 중앙 [교재정보 - 교재 무료자료] 클릭 ▶
교재 확인 후 이용하길 원하는 무료자료의 [다운로드] 버튼 클릭 ▶ 위 쿠폰번호 입력 후 다운로드

• 쿠폰 유효기간: 2026년 12월 31일까지

**별난 경험 없이도
합격하는 자소서
TIP 무료 특강**

방법1
교재 내 QR코드 스캔 ▶ 자소서 TIP 강의 수강

방법2
해커스잡 사이트(ejob.Hackers.com) 접속 후 로그인 ▶ 사이트 메인 좌측 상단 [대기업 - 수강신청] 클릭 ▶
상단 좌측 카테고리 내 [무료특강 & 제테크] 클릭 후 조회 ▶
[별난 경험 없이도 합격하는 자소서 TIP 특강] 수강신청 ▶ [마이클래스 - 일반강좌]에서 수강 가능

**전형별·영역별
취업 무료강의**

해커스잡 사이트(ejob.Hackers.com) 접속 후 로그인 ▶
사이트 메인 중앙 상단 [무료 콘텐츠 - 취업 인강 무료] 클릭

---

* 이 외 쿠폰관련 문의는 해커스 고객센터(02-537-5000)로 연락 바랍니다.

취업 강의 1위, 해커스잡 ejob.Hackers.com

헤럴드 선정 2018 대학생 선호 브랜드 대상 '취업강의' 부문 1위

해커스 ——

별난 경험 없이도

합격 하는

자소서

해커스

서문

"도대체 취업을 잘하기 위해서는 어떻게 해야 할까요?
정말 모르겠습니다."

취업 강의를 진행하면서 학생들에게 가장 많이 듣는 질문 중 하나입니다. 언론에서는 취업 시장이 갈수록 어려워지고 있다는 보도가 쏟아집니다. 또한, 점점 주변에서 취업을 잘했다는 사례를 찾기도 힘들죠. 그렇기 때문에 도대체 취업에 어떻게 접근해야 잘할 수 있을지에 대한 근본적인 물음이 생길 수밖에 없는 것입니다. 이에 대한 답을 찾기 위해서는 현재 주요 기업들의 취업 프로세스가 가지고 있는 특징을 이해하는 과정이 필요합니다.

주요 기업들은 '직무 전문성'에 대한 평가 비중을 압도적으로 높이는 방식으로 취업 프로세스를 변화시켜오고 있습니다. NCS를 기반으로 한 취업 전형을 안착시킨 공기업뿐만 아니라, 대기업도 1지망 직무에 대한 입체적인 직무 전문성을 매우 중시하고 있습니다. 그렇기 때문에 이와 관련한 평가 요소를 자기소개서부터 면접까지의 취업 전 과정에 적극적으로 반영하고 있는 것이죠. 이러한 '직무 전문성 중심 평가'의 변화 흐름에 정확히 대응하기 위해서는 다음 전략부터 수립하는 것이 가장 효과적입니다.

내가 지원한 직무에 왜 채용되어야 하는지에 대한 명확한 설명을 바탕으로, 취업 전 과정을 관통하는 나만의 논리를 만드는 전략

이 책은 여러분이 지원한 직무에 적합한 인재라는 것을 기업에 어필하기 위한 전략을 수립하는 데 가장 구체적이며 명확한 솔루션이 될 것입니다. 단순히 자기소개서를 잘 작성하기 위한 것을 넘어, 기초적인 면접 준비까지 통합적으로 접근할 수 있는 방법을 공유하겠습니다. 저의 대기업 인사담당자 경험, 컨설팅 법인 운영 경험, 그리고 강의 경험 등을 통해 쌓은 모든 노하우를 망설임 없이 이 책에 담았습니다. 따라서 이 책의 가이드를 순서대로 적극적으로 활용해 준다면 최종 합격이라는 결과로 이어질 확률이 높아질 것이라고 확신합니다.

희망하는 기업에 취업하기 위한 길이 깜깜하고 어둡게만 보이거나, 상황에 따라서는 나의 길이 아니라고 느껴질 수도 있습니다. 충분히 공감합니다. 그 어려움은 결코 여러분이 만든 어려움이 아니므로 자책할 필요가 없습니다. 취업이라는 현실을 한 고비 넘어서면 여러분의 인생에 다양한 선택지가 펼쳐질 수 있습니다. 힘들고 지치더라도 이 책을 시작점으로 취업 준비의 어려움을 천천히 극복할 수 있도록 남은 힘을 다 내 봅시다.

여러분을 묵묵히 진심으로 응원하겠습니다.

권준영

목차

PART 2 나의 채용 이유를 설명하기 위한 Source 만들기

PART

1

자기소개서에 대한
시각 바꾸기

PART 1에서는 '내가 왜 채용되어야 하는가?'라는 질문에 제대로 답하기 위해 '자기소개서 Source'를 준비하는 것이 얼마나 중요한지 살펴보겠습니다. 또한, 자기소개서와 면접을 통합하여 준비하는 것의 중요성을 살펴보면서 자기소개서에 대한 잘못된 시각을 바꿔보겠습니다.

자기소개서 작성이
어려운 이유

자기소개서의 본질에 대한 이해를 바탕으로 그동안의 자기소개서 접근법이 가지고 있는 한계를 짚어보겠습니다. 또한, 인사담당자 출신으로서 솔직하게 고백하는 '서류 전형에서의 자기소개서 비중'과 '여러분이 자기소개서를 작성하면서 자주 하는 실수'를 함께 살펴보겠습니다. 이를 통해 그동안 자기소개서를 쓰는 것이 왜 고통스러웠는지, 그에 비해 왜 결과는 좋지 못했는지에 대해서 알아보겠습니다.

1. 자기소개서의 본질 2가지

자기소개서는 보통의 글과는 다른 특징을 가지고 있습니다. 자기소개서는 보통 4~5개 문항, 총 4,000~5,000자로 구성되며, 글자 수를 다채우더라도 제대로 작성했는지 판단하기 어렵다는 특징이 있습니다. 자기소개서 문항과 구성을 지원자가 정할 수 없다는 점에서 지원자는 자기소개서에 매우 수동적으로 접근할 수밖에 없습니다. 또한, 서류 전형 결과와 자기소개서 퀄리티의 상관관계에 대해서 누구도 속 시원하게 설명해 주지도 않습니다.

하지만 자기소개서의 실체를 알 수 없다고 해서 자기소개서를 가벼운 마음으로 쓸 수도 없습니다. 주변의 많은 사람과 전문가들이 자기소개서가 서류 전형 합격에 결정적인 역할을 한다고 강조하기 때문입니다. 이렇게 중요하지만 명확하지 않은 자기소개서를 제대로 작성하기 위해서는 '자기소개서의 본질'을 이해해야 합니다. 그래야 자기소개서를 어떤 방향으로 준비할 것인지를 명확하게 설정할 수 있습니다.

[본질 1] 자기소개서는 직무에 준비되었다고 주장하는 사람이 쓰는 글이다.

취업포털에서 채용 공고를 무작위로 10개 정도 고른 후 꼼꼼하게 살펴보면, 현재 우리나라 채용의 99%는 직무 기반 채용이라는 것을 어렵지 않게 알 수 있습니다. 공기업 채용은 NCS를 분명한 기준으로 하고 대기업 채용은 직무 기반 채용의 확대를 명확히 하고 있죠. 그렇다면 왜 대부분의 기업이 직무 기반 채용을 확대하고 있을까요? 그 이유는 준비된 인재를 찾는 가장 쉬운 방법이 바로 채용 단위를 직무에 따라 세분화하는 것이기 때문입니다.

그렇다고 해서 기업이 채용하려는 '직무에 준비된 인재'가 '당장 실무를 할 수 있는 인재'를 의미하는 것은 아닙니다. 어떤 인재는 삶의 방향 자체가 직무를 향해 왔을 수 있고, 어떤 인재는 최근 1~2년의 준비를 통해 직무에 대한 충성도를 보여 줄 수도 있습니다. 그 외 다양한 경험을 통해 자연스럽게 직무에 대한 강점을 키웠을 수도 있겠죠. 기업의 입장에서 이렇게 다양한 방식으로 직무에 대해 준비한 인재가 작성했기를 바라는 글이 바로 자기소개서입니다.

이렇게 자기소개서를 정의하면 직무에 준비된 인재여야 하는 우리가 자기소개서를 작성할 때 반드시 해야 하는 2가지가 있습니다. 바로 '우리를 왜 채용해야 하는지를 설명하는 것'과 '우리가 기업에 어떤 시너지를 줄 수 있을지를 설명하는 것'입니다. 아래의 자기소개서 작성 점검 포인트를 통해 그동안의 자기소개서 작성 방법을 돌아봤으면 합니다. 4가지 점검 포인트에 따라 자기소개서를 작성한다면 인사담당자에게 공감을 얻을 수 있는 자기소개서가 될 것이며, 그렇지 않다면 힘들게 작성하더라도 높은 점수를 얻기 어려운 자기소개서가 될 수 있습니다.

자기소개서 작성 전 점검 포인트

✓ 나를 채용해야 할 근거 4~7가지를 충분히 생각하였는가?

✓ 생각한 근거 4~7가지를 자기소개서에 충분히 반영하였는가?

자기소개서 작성 후 점검 포인트

✓ 단순히 열심히 배우고 익히겠다고 작성하지는 않았는가?

✓ 기업에 어떤 기여를 할 수 있는지 분명하게 작성하였는가?

[본질 2] 자기소개서는 정성보다 양과 속도가 중요하다.

> *선생님, 이 기업은 꼭 입사하고 싶은 기업이라 자소서를 정말 잘 쓰고 싶어요.*
> *선생님, 이번 자소서만큼은 정성 들여서 쓸 겁니다.*

현장 강의에서 학생들에게 가장 많이 듣는 말들로, 아마 다들 공감하실 겁니다. 반드시 입사하고 싶은 기업의 자기소개서를 보통 4~5일에서 길게는 1주일 이상 쓰는 경우가 많은데요. 다들 원하는 기업과 직무가 있기 때문에 자기소개서를 잘 쓰고 싶어 하는 마음은 저도 깊이 공감합니다. 다만 이런 마음을 이해하면서도 학생들에게 쓴소리하는 경우가 있습니다.

공채 시즌에 보통 25~50개 기업에 지원한다고 가정하겠습니다. 이때 모든 기업이 지원자의 일정을 고려하여 지원 마감일을 다르게 한다면, 자기소개서를 하나하나 정성스럽게 쓸 수 있을 것입니다. 하지만 아무리 수시 채용이 확대되고 있다고 하더라도 상반기는 3월 초~4월 초, 하반기는 8월 말~10월 초에 채용 공고가 몰리는 편입니다. 따라서 한 달 남짓한 기간에 25~50개 기업에 지원하기 위해서는 일정 전략이 매우 중요합니다. 이 기간에 특정 기업의 자기소개서에 지나치게 몰두하는 것은 일정 관리에 가장 큰 방해가 될 수 있기에 학생들에게 쓴소리를 할 수밖에 없었던 것입니다.

> ❝ 입사 지원할 때 나름의 기준에 따라 선택과 집중을 하려고 하는데,
> 무조건 많이 지원해서 원하지 않는 기업에라도 들어가라고 하시는 것인지
> 궁금합니다. ❞

앞서 말한 조언을 들은 학생들이 가장 많이 하는 질문 중 하나입니다. 대답부터 하자면 전혀 그렇지 않습니다. 오히려 목표 기업에 최종 합격하기 위해 하나의 기업에 치우치지 않고, 최대한 많은 기업에 빠르게 지원하는 것이 필요합니다. 바로 '수시 채용의 확대/자기소개서 퀄리티와 투입 시간의 불균형/자기소개서 전형이 가지고 있는 불확실성/실전 면접의 중요성'이라는 4가지 이유 때문입니다.

1) 수시 채용의 확대

수시 채용 확대는 피할 수 없는 현실이 되었으며 이에 따라 입사 지원의 기본 전략인 시간 관리가 더욱 복잡하고 어려워졌습니다. 수시 채용 공고는 순식간에 올라오고 사라지기 때문에 이에 대응하여 자기소개서를 빠르게 쓸 준비가 되어 있어야 합니다. 특히 요즘같이 수시 채용과 공채의 경계가 모호한 때에는 시간 관리가 더욱 어렵습니다. 공채 인적성검사 또는 면접 기간에 다른 기업 수시 채용 서류 접수가 겹치는 것을 대표적인 예로 들 수 있습니다. 따라서 수시 채용의 확대 기조에 대응하기 위해서라도, 자기소개서를 빠르게 대응하기 위한 전략이 필요합니다.

2) 자기소개서 퀄리티와 투입 시간의 불균형

자기소개서를 쓰는 데 드는 시간과 자기소개서 퀄리티가 정비례한다면 여러분이 자기소개서에 많은 시간을 들이는 것을 말리지 않을 것입니다. 서류 접수 마감 직전 문장을 다듬는 정도는 할 수 있지만, 서류 합격에 결정적인 나를 채용해야 하는 이유와 기업에 기여할 수 있는 바 등은 미리 준비하지 않으면 마감 직전 많은 시간을 들여도 해결하기가 어렵습니다. 중요한 포인트를 놓친 자기소개서는 아무리 많은 시간을 들여도 서류 합격과 무관한 의미 없는 자기소개서가 될 수밖에 없습니다. 그러므로 자기소개서를 제대로 쓰기 위해서는 사전준비를 바탕으로 한 빠른 지원이 중요합니다.

3) 자기소개서 전형이 가지고 있는 불확실성

안타깝게도 우리는 서류 전형에서 자기소개서의 비중이 얼마나 되는지, 자기소개서보다 스펙의 비중이 더 큰 것인지, 제출한 자기소개서를 기업이 보기는 하는 것인지 알기 어렵습니다. 직전 공채의 자기소개서 비중을 겨우 알아냈다고 하더라도, 이번 공채에 어떨지는 해당 기업 현직 인사담당자가 아닌 이상 결코 알 수 없습니다. 그렇다고 직전 공채 기준에 맞춰 자기소개서를 쓰면 큰 낭패를 볼 수 있습니다. 불확실성을 이겨내는 유일한 방법은 최대한 많은 기업에 지원하는 것입니다. 공채 전 분명한 지원 기준을 세워놓고 이 기준에 부합하는 기업에는 최대한 지원하는 것이 합격률을 높이는 가장 중요한 전략입니다. 제가 강의에서 가장 강조하는 전략이 '바로 어떤 기업까지 지원할 수 있을지'에 대한 답을 찾은 후 지원할 기업 수를 구체적으로 정하는 것입니다. 공채 시즌에 지원하기로 한 기업에 빠짐없이 지원하기 위해서는 자기소개서를 빠르게 많이 쓰기 위한 준비가 필요합니다.

4) 실전 면접의 중요성

면접은 취업에서 그 어떤 전형보다 중요하고 결정적입니다. 다른 전형들이 다음 단계를 위한 과정의 성격이 강하다면 면접은 입사로 가는 최종 관문이기 때문입니다. 또한, 면접까지 올라온 경쟁자 수가 적다 보니 면접에서 불합격했을 때의 충격은 수백 대 1의 경쟁률인 서류 전형이나 필기시험에서 불합격했을 때보다 매우 클 수밖에 없습니다. 학생들의 면접 결과를 매일 현장에서 직접 목격하고 있는 사람으로서, 실전 면접 경험 횟수와 최종 합격률 간에 밀접한 관계가 있다고 자신 있게 말할 수 있습니다. 실전 면접을 많이 경험하기 위해서는 가능한 한 많은 기업에 입사 지원하는 것이 중요합니다. 이러한 준비를 바탕으로 인적성검사 준비를 위한 일정을 세울 수 있습니다. 자기소개서와 인적성검사 준비를 동시에 하는 것은 현실적으로 쉽지 않습니다. 서류 전형과 면접을 연결해 주는 인적성검사를 수월하게 준비하기 위해서라도 자기소개서에 들이는 시간을 어떻게 줄일 수 있을지 고민해야 합니다.

TIP

자기소개서 작성 전략

STEP 1 지원할 기업과 직무를 정해 리스트로 만들기(약 25~50개)

STEP 2 공채 시작 전 미리 자기소개서 Source 준비하기

STEP 3 리스트에 있는 기업을 포함해 최대한 많은 기업에 지원하기

2. 자기소개서의 현실적 비중에 대한 이야기

> 자기소개서가 서류 전형 합격에 미치는 영향이 어느 정도라고 생각하나요?
> 자기소개서가 최종 합격에 미치는 영향이 어느 정도라고 생각하나요?

서류 전형에 합격해야 최종 합격도 할 수 있으니 두 질문에 큰 차이가 없다고 생각할 수 있습니다. 저는 두 질문을 구별하는 것이 자기소개서에 대한 시각을 바꾸는 시작이라고 확신합니다. 첫 번째 질문은 자기소

개서와 서류 전형 합격의 상관관계에 대한 질문입니다. 인사담당자 출신으로서 이 질문에 답을 하자면 "자기소개서와 서류 전형 합격은 생각보다 큰 관련이 없다."가 가장 현실적인 정답이라고 생각합니다. 학생들에게 자기소개서 강의를 하고 있는 제가 이런 답변을 하는 것이 그렇게 쉬운 일은 아니지만 아주 솔직하게 접근해 보겠습니다.

주요 기업 서류 전형에서 자기소개서를 반영하는 비율을 살펴보면, 자기소개서를 아예 평가하지 않는 기업이 30%, 자기소개서를 평가하지만 비중이 매우 작아 큰 의미가 없는 기업이 30%, 자기소개서를 평가하여 20~50% 반영하는 기업이 30%, 자기소개서를 100% 반영하는 기업이 10%입니다. 충격적일 수도 있고 예상했을 수도 있습니다. 결론적으로 자기소개서는 서류 합격에 결정적이지는 않다고 볼 수 있습니다. 모든 기업에서 자기소개서를 요구하므로 자기소개서가 중요한 것은 사실이지만 서류 합격에는 큰 영향이 없을 수 있기 때문에 오랜 시간을 들이기보다 사전준비를 통해 빠르게 대응하기 위한 마인드셋이 중요합니다.

두 번째 질문에 대한 가장 정확한 답은 "자기소개서는 면접에서 비로소 읽히므로 최종 합격에 미치는 영향이 크다."입니다. 이제 자기소개서가 읽히고 평가받는 순간이 서류 전형이 아닌 면접이라는 인식의 전환이 필요합니다. 자기소개서는 면접에서 자세히 읽으면서 역량을 평가하기 위해 쓰입니다. 따라서 자기소개서는 면접에서 중요하게 평가되는 '직무에 필요한 역량을 단계적으로 갖춰왔는가?'에 대한 답으로 활용할 수 있도록 매력적으로 작성해야 합니다. 우리의 목표는 10배수의 서류 전형 합격자가 아닌, 1배수의 최종 합격자가 되는 것입니다.

저의 현장 강의 수강생의 최종 합격률이 매우 높은 편이다 보니, 주변에서 어떻게 최종 합격률을 높일 수 있었는지 물어보는 경우가 많습니다. 저는 항상 자기소개서 Source 준비를 통해 최대한 많은 기업에 지원하도록 이끈 것이 최종 합격률을 높이는 시작이었다고 답합니다. 단순히 지원을 많이 해서 그만큼 최종 합격률이 높은 것이 아니라, 면접에서 제대로 읽히는 자기소개서를 통해 소중한 면접 기회를 놓치지 않게 한 것이 높은 합격률의 비결이라고 확신합니다.

3. 자기소개서를 작성할 때 가장 많이 하는 실수 2가지

자기소개서의 본질과 비중을 살펴봤다면 지금부터 자기소개서를 쓸 때 가장 많이 하는 실수 2가지를 짚어보겠습니다. 이 실수들만 줄여도 최종 합격률을 높일 수 있는 '진짜' 자기소개서를 쓸 수 있습니다. 하나씩 살펴보고 실수를 줄여봅시다!

[실수 1] 자기소개서에 기업 인재상을 그대로 쓰는 실수

대부분의 지원자가 자기소개서에 기업 인재상을 그대로 쓰는 실수를 합니다. 기업 인재상은 기업이 선호하는 지원자의 모습을 구체적으로 보여주는 중요한 요소이지만, 자기소개서 작성 초기 단계가 아닌 탈고 단계에서 활용해야 합니다. 탈고 과정에서 지원한 기업의 인재상을 반영했는지 검토하면서 인재상을 자기소개서 논리를 강화하는 정도로만 활용해야 합니다.

자기소개서에서 가장 어필해야 하는 것은 인재상이 아닌 나의 직무 역량입니다. 내가 왜 지원한 직무에 적합한지에 대한 논리를 사전에 준비하고, 이를 문항에 따라 매력적으로 배치하는 것이 가장 중요합니다. 이 논리를 중심으로 자기소개서를 완성한 후 기업 인재상과 기업 관련 중요 키워드를 살펴보면서 자기소개서에서 수정해야 할 포인트를 짚어야 합니다. 혹시 자기소개서를 쓸 때 인재상에 쓰인 단어들을 그대로 활용하기 위해 노력하지는 않았는지 돌아봤으면 합니다. 좀 더 깊이 있는 이해를 위해 삼성전자 자기소개서를 예시로 살펴보겠습니다.

[Reference] 삼성전자 인재상을 반영한 자기소개서 작성 예시

- **삼성전자 인재상 키워드**
  열정, 창의, 혁신, 인간미, 도덕성

- **자기소개서 문항**
  본인의 성장 과정을 간략히 기술하되, 현재의 자신에 가장 큰 영향을 끼친 사건, 인물 등을 포함하여 기술하기 바랍니다.

- **일반적인 지원자 논리(인재상 중 인간미 선택 시)**
  저는 인간미를 갖춘 사람으로 성장했습니다. 인간미를 갖춘다는 것은 사소한 도덕까지 중시하는 것입니다. 저는 동아리 경험을 통해……(후략)

기업의 인재상을 반영하여 자기소개서 문항을 해석하면 '인재상에서 말했듯이 우리는 인간미 있는 사람이 필요합니다. 지원자는 어떤 방식으로 인간미를 발휘했나요?'입니다. 따라서 '네, 저는 인간미가 있습니다.' 또는 '네, 저는 인간미 있는 사람으로 성장했습니다.'라는 답은 질문의 의도와 맞지 않습니다. 관계라는 단어를 적극적으로 활용해서 '저는 관계 유지 및 확장을 통해 삼성전자가 강조하는 인간미를 발휘합니다.'라고 답하는 것이 질문의 의도에 맞습니다.

인재상 키워드를 직접적으로 활용하지 않는 것만큼 중요한 것이 인재상의 보편성에 주목하는 것입니다. 30대 대기업의 인재상을 분석해 보면 6~8개 키워드 도전, 혁신, 글로벌, 능동, 팀워크, 정직 등으로 정리할 수 있습니다. 주요 기업의 공통된 인재상에 활용할 수 있는 자기소개서 Source를 만들어 놓는 것이 중요하며, 이 부분은 PART 3에서 구체적으로 다루겠습니다. 지금은 인재상에 쓰인 단어를 직접 사용하면 위험하므로 인재상은 탈고 과정에서 활용하고, 여러 인재상에 활용할 수 있는 자기소개서 Source를 만드는 것이 중요하다는 것만 인지하면 충분합니다.

[실수 2] 기업분석부터 하거나 기업분석만 하는 실수

지원한 기업에 대한 폭넓은 이해는 자기소개서 작성 과정에서 반드시 필요합니다. 자기소개서 방향을 설정하기 위해서는 먼저 지원한 기업의 현황과 이슈에 대한 이해가 필요하므로 기업분석에 많은 시간을 할애하는 지원자의 노력에 동의합니다. 다만 기업분석에 드는 시간과 과정에 대해 해주고 싶은 말이 있습니다.

보통 자기소개서를 10시간 동안 쓴다고 하면 기업분석(산업분석)을 우선순위로 놓고 기업분석에 6~7시간 정도 할애하는 지원자가 대부분입니다. 자기소개서 작성 시간의 60~70%를 기업분석하는 데 쓰는 셈이죠. 하지만 자기소개서를 쓸 때에는 '나에 대한 분석', 구체적으로는 '내가 왜 채용되어야 하는가?'에 대한 분석이 먼저 이루어져야 합니다. 이러한 분석을 바탕으로 '준비된 인재'라는 확신을 자기소개서에 담는 것이 중요합니다. 그런 다음에 지원한 기업의 현황 및 이슈와의 접점을 만들어야 합니다.

예를 들어, 기업분석을 통해 지원한 기업이 제3세계 국가 진출을 앞으로의 최대 과제로 삼은 것을 확인했다고 가정해 봅시다. 그렇다고 해서 입사 후 포부를 단순하게 '제3세계에 진출하겠습니다.'로 풀어내는 것이 아니라 먼저 직무에 준비된 인재로서 가지는 궁극적인 포부를 제시해야 합니다. 그 이후에 궁극적인 포부를 현실화하기 위한 계획을 설명하면서 기업분석으로 알게 된 제3세계 진출을 일부 적용하는 것이 적절합니다. 좀 더 분명한 이해를 위해 생산관리 직무로 예시를 들어보겠습니다.

[Reference] 생산관리 직무 입사 후 포부 작성 예시

- **사전에 준비된 입사 후 포부 키워드**
  원가에 집중하는 생산관리 담당자

- **기업분석 결과**
  최근 '생산성 향상'이라는 키워드를 강조함

- **자기소개서 문항**
  본인의 직무상 포부를 자유롭게 기술하시오.

- **기업분석 결과로만 작성한 일반적인 논리**
  생산성 향상에 주목하겠습니다. 그 이유는 최근 ○○ 회사의 콘퍼런스 등을 통해 이 부분의 중요성을 확인했기 때문입니다. 이를 달성하기 위해……(후략)

- **사전에 준비한 입사 후 포부 키워드와 기업분석 결과를 연계하여 작성한 논리**
  원가에 집중하겠습니다. 그 이유는 원가 분석을 통해 생산관리에 가장 부정적인 요소를 합리적으로 도출할 수 있다는 것을 여러 프로젝트를 통해 배웠기 때문입니다. 이렇게 원가에 집중하는 것이 최근 ○○ 기업이 콘퍼런스에서 강조한 생산성 향상을 현실화하는 데 필수적이라고 생각합니다. 이를 달성하기 위해……(후략)

기업은 여러 번 강조한 생산성 향상이라는 보편적 포부를 지원자만의 키워드인 원가로 현실화하겠다고 작성한 자기소개서에 더 높은 점수를 줍니다. 그 이유는 자기소개서에 생산관리 직무에 준비된 인재임이 분명하게 드러났기 때문입니다. 기업분석에 지나치게 몰두하여 많은 시간을 투자하면 오히려 보편적이고 큰 의미 없는 자기소개서가 될 수

있습니다. 또한, 기업에 대해 조사한 내용이 워낙 많아 자기소개서에 기업 관련 내용을 지나치게 많이 쓰는 실수가 발생할 수도 있습니다. 자기소개서가 '직무에 준비된 나를 소개하는 글'임을 잊어서는 안 됩니다. 따라서 나의 채용 이유를 설명하는 자기소개서 Source를 준비하고 이를 문항에 배치한 후에 기업 이슈 및 키워드는 자기소개서를 보완하는 용도로 활용하면 됩니다.

사실 깊이 있는 기업분석은 자기소개서 작성 단계보다 면접에서 더 큰 위력을 발휘합니다. 면접에서는 전문적인 기업 이해를 바탕으로 답변해야 하는 질문의 비중이 매우 높습니다. 따라서 자세한 기업분석은 면접이 확정된 이후에 하는 것을 추천합니다. 자기소개서 전체 분량을 평균 4,000~5,000자로 본다면 그중 기업 관련 내용의 분량은 300자를 넘기지 않는 것이 좋습니다. 저라면 자기소개서 작성 시간의 20~30% 정도를 기업과 산업에 대해 이해하는 시간으로 쓰고, 70~80%는 지원한 직무에 적합한 사람임을 잘 드러냈는지 고민하고 점검하는 시간으로 쓰겠습니다. 여러분도 이렇게 해 보면 어떨까요?

TIP

기업 정보 얻기 5단계

STEP 1 기업의 최근 1년간 긍정적인 이슈 3가지 분석하기(글로벌 진출
관점 + 수익성 강화 관점 + 사회적 역할 강화 관점)

STEP 2 기업의 최근 1년간 부정적인 이슈 2가지 분석하기(산업 자체의
위기 관점 + 일부 부정 평판 관점)

STEP 3 기업의 사업 포트폴리오를 전체적으로 이해하기(세부적인
사업 부문 이해)

STEP 4 CEO 메시지에서 중요한 키워드 3~5개 정리하기

STEP 5 기업의 경쟁사 분석하기(가장 치열한 경쟁 요소 및 극복 전략
제시)

02

질문에 제대로 된 답을 하는
자기소개서가 필요하다.

기업의 의도에 부합하는 자기소개서를 작성하기 위한 가장 중요한 시

작인 '기업의 질문에 정확하게 답하기' 전략에 대해 살펴보겠습니다.

예시를 통해 동문서답 하는 자기소개서를 쓰지 않는 방법과 이를 자기

소개서에 쉽게 적용하는 방법을 알아보겠습니다.

1. 질문에 제대로 된 답을 하지 않는 90%의 지원자

여러분은 자기소개서의 본질을 어떻게 이해하고 있으신가요? 지원자의 삶을 알아보기 위한 에세이로 볼 수 있고 지원자의 역량을 확인하기 위한 역량 기술서로 볼 수도 있습니다. 기업의 평가 기준에 부합하는 제대로 된 자기소개서를 작성하기 위해서는 '자기소개서 = 시험문제'라고 생각하는 것이 가장 바람직합니다. 자기소개서를 시험문제라고 생각하면 질문의 조건과 의도를 꼼꼼하게 살펴보고 정확한 답을 하기 위해 노력하겠죠. 아주 쉬운 예를 하나 들어볼까요? 초등학생을 대상으로 아래와 같은 역사시험 문제를 냈다고 가정해 봅시다.

> 조선시대 대표 학자의 어머니로 시, 그림, 글에 능했던 예술가인 1500년대 인물은 누구입니까?

이런 문제를 받으면 질문에 있는 조선시대 대표 학자의 어머니, 예술가, 1500년대 인물이라는 3가지 조건을 하나하나 따져보면서 가장 적합한 답변에 접근하려고 노력하게 됩니다. 그 결과 3가지 조건에 모두 부합하는 '신사임당'이라는 답에 확신을 갖게 되죠. 만약 이 문제를 틀린 학생이 있다면 3가지 조건을 꼼꼼하게 검토하지 않고, 눈에 들어오는 1~2가지 조건만 보고 답을 단정했을 확률이 매우 높습니다.

제가 강의 현장에서 목격하고 있는 많은 지원자의 자기소개서 접근법역시 이와 크게 다르지 않습니다. 문항을 제대로 보지 않고 오답을 작성하는 경우가 너무나 많죠. 저 또한 취업을 준비하면서 작성했던 자기소개서를 돌아보면 열심히 쓰긴 했지만 동문서답의 연속이었습니다. 지금부터 그동안 우리가 무심코 해왔던 동문서답을 바로 잡겠습니다. 크게 어렵지 않습니다. 어떤 자기소개서가 '자기소개서라는 시험문제에 제대로 된 답을 하지 않는 유형'인지부터 이해해 보겠습니다.

[유형 1] 단정하여 작성하는 유형

- **자기소개서 문항**
  지원동기에 대해 작성해 주세요. (800자)

- **일반적인 지원자 논리**
  ○○ 기업에 지원한 이유는 ○○ 기업이 보여준 혁신에 주목했기 때문입니다. 혁신이라는 키워드는 고객의 공감을 얻기 위한 가장 좋은 방법이라고 생각합니다. ○○ 기업은 최근 몇 가지 활동을 통해 지역사회에서의 혁신뿐만 아니라 기술의 혁신을 함께 이뤄내고 있습니다. (중략) 이러한 혁신의 길에 저도 함께하여 ○○ 기업의 2030 비전을 반드시 달성하겠습니다.

자, 우리에게 지원동기를 작성하라는 시험문제가 출제되었습니다. 시험문제 어디에도 '회사' 지원동기를 작성하라는 가이드가 없지만 지원자는 이 문제를 '회사 지원동기' 문제로 단정하였습니다. 보통 자기소개서의 지원동기 유형이 직무 지원동기와 회사 지원동기로 명확히 구분된다는 것에 주목해 봅시다. 이 문제에 완벽하게 답하기 위해서는 800자를 400자씩 두 문단으로 나눠서 직무 지원동기와 회사 지원동기를 각각 한 문단씩 균등하게 작성했어야 합니다.

기업에서 회사 지원동기만 확인하고 싶었다면 문항에 '회사 지원동기'라고 표현했을 텐데 '지원동기'라고 포괄적으로 표현했다는 것은 회사와 직무 등 여러 측면의 지원동기를 모두 확인하고 싶다는 것입니다. 결국 '지원동기에 대해 작성해 주세요.'라는 문제는 '네, 그럼 1문단 직무 지원동기, 2문단 회사 지원동기로 나눠서 설명해 드리겠습니다.'로 답변하는 것이 적절합니다. 문항에 드러나지 않은 부분을 단정해서 작성하는 순간 평가 기준에 맞지 않는 동문서답의 자기소개서가 되기 쉽습니다.

[유형 2] 문항의 키워드를 무시하는 유형

> • **자기소개서 문항**
> 학업 외 관심을 가지고 열정을 발휘한 경험에 관해 기술해 주세요.
>
> • **일반적인 지원자 논리**
> 저는 동아리 경험을 통해 남다른 열정을 발휘하였습니다. 팀원으로서의 역할뿐만 아니라 동아리 행사 기획에도 능동적으로 참여하면서 선후배들로부터 열정을 인정받았습니다. 특히 신입회원 모집 경험은 가장 열정적으로 몰입했던 경험입니다. (중략) 입사 후에도 차별화된 열정으로 고객의 공감을 얻는 사원이 되겠습니다.

이번에는 열정을 발휘한 경험을 작성하는 문제입니다. 어쨌든 열정을 물어본 것이니 위의 논리가 질문에 맞는 답을 한 것으로 느껴질 수도 있습니다. 그런데 자세히 보면 문항에 있는 '학업 외 관심'이라는 키워드가 위의 논리에는 전혀 드러나지 않습니다. 기업이 단순히 열정을 발휘한 경험을 묻고 싶었다면, '열정을 발휘한 경험을 기술해 주세요.'라고 간결하게 출제하였을 것입니다.

그런데도 문항 앞에 '학업 외 관심'이라는 키워드를 사용한 것은 '학업 외에 어떤 부분에 관심을 가졌는지'를 평가하려는 의지를 분명하게 보인 것입니다. 따라서 '학업 외 관심'에 대해 설명하는 문장이 짧게라도 필요합니다. 평소에 어떤 부분에 관심이 있었고, 왜 관심을 가졌는지에 대해 단계적으로 설명하고, 열정 관련 경험 에피소드를 작성하는 것이 적절합니다. 자기소개서 문항에 기술된 키워드 하나하나가 평가 요소라는 점을 기억하면서 작성해 봅시다.

[유형 3] 문항의 의도를 잘못 해석하는 유형

- **자기소개서 문항**
  공동의 목표를 달성하기 위해 팀워크를 만들어가는 과정에서, 구성원의 협조를 얻기 위해 설득한 경험에 관해 기술해 주세요.

- **일반적인 지원자 논리**
  저는 그 어떤 역량보다 팀워크를 중시합니다. 팀워크를 통해 많은 사람과 어려운 문제를 함께 해결해 나가는 것을 즐깁니다. 이 과정을 통해 저뿐만 아니라 구성원 전체 역량을 더욱 고도화할 수 있기에, 늘 팀워크 발휘를 1순위로 두고 고민합니다. ○○ 학회에서 서로 다른 의견을 하나로 모아 공동의 목표를 달성한 경험이 있습니다. (중략) 입사 후에도 구성원과의 팀워크를 중시하는 사원이 되겠습니다.

이번 문제는 문항에 대한 깊이 있는 해석이 필요하기 때문에 조금 어려울 수 있습니다. 자기소개서 문항을 다시 한번 읽어볼까요? 팀워크 관련 경험을 물어보는 것 같지만 팀워크는 경험의 배경에 불과합니다.

결국 다른 사람의 도움이나 협조를 얻기 위해 설득한 경험을 묻는 것이 목적이라는 것을 알 수 있습니다. 더 구체적으로는 같은 목표를 공유하는 팀원을 설득한 경험을 작성하라는 것입니다.

그렇다면 자기소개서 시작을 어떻게 하는 것이 좋을까요? '팀워크를 이루는 과정에서 구성원의 협조를 얻기 위해서는 ~한 방식으로 설득하는 것이 가장 중요하다고 생각합니다.'가 글의 시작이자 핵심이어야 합니다. 구체적인 모델을 제시하면서 팀원을 설득하거나, 리스크를 먼저 이야기하면서 팀원을 설득하는 예시와 같이 구체적인 설득 노하우를 자기소개서를 통해 전달하는 것이 가장 중요합니다. 이러한 해석을 바탕으로 위의 문항을 다시 본다면 단순히 팀워크를 중시하는 사람이며 앞으로도 팀워크를 발휘하겠다는 전개는 질문에 제대로 된 답을 하지 않은 것으로 볼 수 있겠죠? 최선을 다하여 작성하였음에도 좋은 평가를 받기 어려운 글이 되어 버린 것입니다. 자기소개서 문항의 의도를 꼼꼼히 확인하고 작성해야 좋은 평가를 받을 수 있습니다.

자기소개서 문항에 답을 제대로 하지 않는 유형을 이렇게 3가지로 구분하면 충분합니다. 이런 식으로 동문서답하는 자기소개서가 전체 자기소개서의 80~90%입니다. 이는 우리가 이 3가지 유형만 신경 써서 피하면 상위 10~20% 수준의 차별화된 자기소개서를 작성할 수 있다는 것을 의미합니다.

2. 질문에 제대로 된 답을 하는 방법

지금부터 자기소개서를 쓰면서 자주 발생하는 문제를 살펴보면서 자기소개서 문항에 정확한 답을 하기 위한 구조 설정 연습을 해 보겠습니다.

[Solution 1] 단정해서 작성하는 것을 방지하는 방법

이 방법은 자기소개서 문항만으로 정확히 무엇을 묻는 것인지 특정하기 어려운 경우에 활용할 수 있습니다. 아래 예시와 같이 포괄적인 문항이 제시되면 글자 수에 따라 1,000자 이하이면 2문단, 1,000자 초과이면 3문단으로 구성하여 문단별 분량을 균형 있게 작성하는 것이 중요합니다.

- **자기소개서 문항**
  당신의 강점에 관해 기술하시오. (800자)

- **1문단(역량 강점 400자)**
  인사 직무를 수행하면서 필수적인 데이터를 효율적으로 처리하고 재해석하는 데 강점이 있습니다. 데이터를 효율적으로 재해석하는 것을 통해 많은 가정을 도출할 수 있고, 이를 기반으로 공감 가능한 인사 전략을 도출할 수 있다고 생각합니다. 구체적으로 데이터 전문가 교육과정을 통해 (중략) 데이터 해석 역량을 길렀습니다.

- **2문단(성격 강점 400자)**
  성격적으로는 사람과의 관계를 오래 유지하고 확장하는 데 압도적인 강점이 있습니다. 한번 맺게 된 인연에 대해 매우 소중하게 생각하는 편입니다. 이를 바탕으로 더 많은 인적 네트워크를 형성할 수 있다는 확신이 있습니다. 이러한 성격상의 강점은 인사 업무를 수행하면서 유관부서의 협조를 부드럽게 끌어내는 데 중요하다고 생각합니다. 저는 인턴과정을 통해 (중략) 관계를 유지하는 성격을 인정받았습니다.

자기소개서에서 어필할 수 있는 강점을 크게 '역량 강점'과 '성격 강점'으로 구분할 수 있습니다. 따라서 문항에 '강점'이라는 포괄적 키워드만 제시되면 '1문단 역량 강점/2문단 성격 강점' 2개의 문단으로 균등하게 전개하는 것이 좋습니다. 또 다른 사례를 볼까요?

- **자기소개서 문항**
  본인의 목표에 관해 기술하시오. (800자)

- **1문단(직무상 목표 400자)**
  지역 영업관리자로서 '표준화'라는 키워드를 궁극적인 목표로 삼겠습니다. 전국 네트워크를 활용하여 영업을 진행하고 있는 ○○ 기업의 Best Practice를 기반으로 한 지역 단위별 표준화는 매우 중요한 과제입니다. 따라서 각 지역의 상황에 맞는 형태로 표준화할 수 있는 영업 전략, 특히 CRM 전략을 도출하는 것을 목표로 삼겠습니다. 이를 위해 저만의 고도화된 피드백 역량을 활용하겠습니다. 영업 인턴 경험을 통해……(후략)

- **2문단(가치관 기반 목표 400자)**
  저를 경험한 모든 사람으로부터 '믿을 만한 사람'이라는 평가를 받고 싶습니다. 영업 업무뿐만 아니라 인생 전반에서 상대방에게 신뢰를 얻었다는 것은 제가 설정한 삶의 방향이 옳았다는 것을 증명한다고 생각하기 때문입니다. 최근 스터디 모임을 통해……(후략)

기업에서 목표를 구체적으로 특정하지 않았다면 '직무상 목표'와 '가치관 기반 목표'를 모두 언급하는 것이 바람직합니다. 따라서 이 문항도 2문단으로 구성하여 분량을 균등하게 하는 것에 신경 쓰면서 '직무 목표'와 '인생 목표'를 동시에 언급할 필요가 있습니다.

[Solution 2] 키워드를 무시하거나 잘못 해석하는 것을 방지하는 방법

자기소개서 문항에서 Main 키워드와 Sub 키워드가 구분되는 경우 주로 Sub 키워드는 자기소개서 문항에서 Main 키워드가 나오기 전 상황 설정이나 전제로 활용되므로 자기소개서를 Sub 키워드를 기반으로 자연스럽게 시작하는 것이 좋습니다. 이렇게 하면 질문에 답하듯이 글을 시작할 수 있어서 다음에 올 내용으로 기존에 썼던 자기소개서를 '복사 + 붙여넣기' 하더라도 문항과 맞지 않는 듯한 느낌을 줄일 수 있습니다.

- **자기소개서 문항**
  본인이 가장 몰입해서 성공한 경험에 관해 기술해 주세요. (1,000자)

- **첫 시작 1~3문장 설정**
  저는 다른 사람들과 함께 공동의 결과물을 만들어가는 상황에서 몰입을 잘하는 편입니다. 이 과정에서 시간을 많이 투입하고, 완성도를 높이기 위해서 다양한 시도를 하기도 합니다. 이러한 몰입을 가장 잘 발휘하여 성공한 경험은 학생회에서 신입생을 모집했을 때입니다. 구체적으로……(후략)

이 문항의 Main 키워드는 '성공', Sub 키워드는 '몰입'입니다. 따라서 '무엇에 몰입했는지, 몰입한 이유가 무엇인지' 등 몰입과 관련한 내용을 초반에 기술한 후 자연스럽게 성공 경험으로 연결하는 것이 중요합니다.

- **자기소개서 문항**
  직무적 성공을 위해 본인이 그동안 노력한 과정을 기술해 주세요. (1,000자)

- **첫 시작 1~3문장 설정**
  제가 생각하는 품질 직무 성공의 핵심은 공감입니다. 품질담당자의 가이드가 공감을 얻지 못한다면, 생산 및 연구조직의 완벽한 Follow를 기대하기 어렵기 때문입니다. 공감을 얻는 품질담당자가 되기 위해서는 생산관리자 수준의 공정에 대한 이론적 이해가 필수라고 생각했습니다. 그래서 저는 전공과정뿐만 아니라 별도 교육과정을 통해……(후략)

이 문항의 Main 키워드는 '직무 성공', Sub 키워드는 '그동안 노력한 과정'입니다. 따라서 직무에서의 성공이 무엇인지에 대해서 기술한 후, 이러한 성공을 위해 노력한 과정으로 자연스럽게 연결하는 것이 중요합니다. 유사한 사례 한 가지만 더 살펴보겠습니다.

- **자기소개서 문항**
  다른 사람에게 리더십을 발휘하는 과정에서 발생한 감정상의 갈등을 중재한 경험을 기술해 주세요. (1,000자)

- **첫 시작 1~3문장 설정**

  리더로서 활동한 몇 차례 경험을 통해 리더십은 개성이 강한 구성원들을 하나의 목표로 이끄는 것이 본질이라는 것을 깨달았습니다. 그리고 리더십을 제대로 발휘하기 위해서는 구성원 간의 서로 다른 의견을 중재하고 합의점을 찾는 것이 핵심이라는 것을 알게 되었습니다. 많은 대화를 통해 좁혀지지 않을 것 같았던 의견을 모으고 합의점을 도출한 경험이 있습니다. 프로젝트 팀장을 수행하면서……(후략)

이 문항의 Main 키워드는 '감정상의 갈등 중재', Sub 키워드는 '리더십'입니다. 따라서 여러분이 생각하는 리더십의 본질에 대해서 간단히 설명하는 것으로 시작하는 것이 좋습니다. 이어서 갈등 중재가 리더십에 필요한 역량임을 어필하는 것이 중요합니다. 그 이후에 갈등 중재 경험에 한정 지어 스토리를 자세히 풀어나가면 훌륭한 마무리가 될 것입니다.

[Solution 3] 하나의 문항에 여러 질문이 나올 때 대처 방법

하나의 자기소개서 문항에서 여러 질문을 동시에 하는 경우가 종종 있습니다. 이런 문항은 질문 순서대로 문단을 구분하여 인사담당자가 쉽게 평가할 수 있게 하는 것이 중요합니다. 문단마다 소제목을 별도로 기재하는 것이 원칙이며 소제목 작성에 대한 설명은 'PART 5_1 소제목 작성하는 5가지 방법'에서 하겠습니다.

문단을 구분하여 작성할 때 문단별 분량을 자의적으로 설정하는 것은 매우 위험합니다. 예를 들어, 하나의 문항에서 직무 역량의 강점과 약점을 모두 기술하라고 한다면, 전체 분량의 70~90%가 강점이고 나머지 10~30%가 약점인 자기소개서가 대부분입니다. 심지어 단점을 별도 문단으로 쓰지 않거나 소제목을 달지 않는 경우도 많은데, 이는 문항의 출제 의도와 평가 방식에 부합하지 않습니다. 하나의 문항에 여러 질문을 동시에 한 경우 질문 순서대로 문단을 구분하고 가능한 한 문단 분량을 균등하게 배분해야 합니다.

> **· 자기소개서 문항**
> 직무에 관심 가지게 된 계기 및 직무 역량에서의 강점을 기술하고, 직무상 꼭 이루고 싶은 포부를 함께 기술해 주시기 바랍니다. (1,000자)
>
> **· 1문단(350자)**
> [재무의 본질을 이해하다]
> 경영학 전공자로서 갖춘 재무 업무에 대한 이론적 이해 외에 관련 실무 경험을 할 수 있는 기회가 많지 않았습니다. 그런데 ○○ 금융학회에 1년간 참여하면서 재무 업무가 기업의 최종의사결정의 중요한 기준이 된다는 것을 알게 되었습니다. 결정적으로 기업분석 경험을 통해······(후략)
>
> **· 2문단(350자)**
> ['Detail' 재무 업무의 시작과 끝]
> 재무 업무를 수행할 때 'Detail'이라는 키워드는 몇 번을 반복해서 강조해도 과하지 않다고 생각합니다. 특히 'Detail'을 오래 유지할 수 있는 역량은 재무 업무를 안정적으로 수행하는 데 필수적이라고 생각합니다. ○○ 프로젝트에서의 리서치 경험을 통해······(후략)

- **3문단(300자)**

  [대체 불가능한 위험 요소 관리자]

  재무 업무에서 발생 가능한 위험 요소를 예측할 수 있도록 관리하는 것을 궁극적인 목표로 삼겠습니다. 발생 빈도와 파급력 등을 고려해서 관리해야 할 위험 요소의 우선순위를 분명하게 하겠습니다. 이를 위해 제가 가지고 있는 재무 상황해석 역량을 적극적으로 활용하겠습니다. ○○ 과제 경험을 통해……(후략)

자기소개서 문항은 한 개이지만 상세 질문은 계기, 강점, 포부 3개로 구성되어 있으며, Sub 키워드와 Main 키워드를 나눌 수 없을 정도로 3개 키워드를 동일한 비중으로 물어 보고 있습니다. 따라서 문단을 3개로 나누고 각각 300~350자 분량으로 균등하게 작성해야 합니다. 추가적인 적용법은 PART 4에서 구체적으로 다루겠습니다.

03

자기소개서와 면접의
통합 준비 필요성

다소 의아할 수도 있습니다. 이제 막 시작하는 단계인데 면접까지 준비해야 한다고 하니 말입니다. 그런데도 결론부터 말하자면, 앞서 자기소개서의 현실적 비중에 대해 다루면서 언급했다시피 자기소개서와 면접을 통합하여 준비해야 최종 합격률을 높일 수 있습니다. 왜 그런지 몇 가지 이유를 짚어보겠습니다.

[이유 1] 기업 면접은 자기소개서를 Base로 진행되기 때문입니다.

'실무진, 임원, 1차, 2차' 등의 면접 형식과 관계없이 대부분의 면접은 제출한 자기소개서와 이력을 중심으로 진행됩니다. 여기에 다른 질문을 추가하거나 특수 면접(PT 면접, 전공 면접, 토론 면접 등)을 병행하여 인재를 선발하는 것이죠. 따라서 면접에서 제대로 설명하기 어려울 것 같은 키워드나 에피소드는 자기소개서 작성 단계부터 충분히 고민해야 합니다. 예를 들어, 자기소개서에 인턴 경험을 큰 비중으로 썼다면 면접에서 인턴 경험과 관련한 구체적인 질문이 쏟아질 수밖에 없습니다. 또한, 인턴을 왜 했는지, 인턴을 하면서 키운 역량이 무엇인지 등 날카로운 질문도 받을 수 있습니다. 따라서 면접에서 감당하기 어려울 것 같은 내용은 자기소개서에서 비중을 줄일 필요가 있습니다.

[이유 2] 자기소개서 문항과 주요 면접 질문이 유사하기 때문입니다.

자기소개서 문항은 크게 지원동기/성장 과정(가치관)/핵심 역량(직무상 강점, 입사 후 포부, 직무 적합도)/경험(도전, 열정, 창의, 갈등 해결 경험)으로 구분할 수 있습니다. 이러한 자기소개서 4대 문항이 그대로 면접 4대 질문으로 활용됩니다. 따라서 자기소개서 Source를 구성할 때 면접 스크립트 Source를 함께 준비해야 합니다. 면접에서 중요한 핵심 질문을 조금이라도 일찍 스크립트로 준비하고 숙지할수록 최종 합격에 더 가까워질 수 있습니다.

[이유 3] 본격적인 면접 준비 진행 시점의 시간 배분 중요성 때문입니다.

면접을 3~4일 앞두고 '성격의 장점'을 묻는 질문의 답을 급하게 준비하는 지원자가 있다고 가정해 봅시다. 아마도 이 지원자는 면접에서 본인의 모든 역량을 보여주기 어려웠을 것이며 결과도 그리 좋지 않았을 것입니다. 그 이유는 성격의 장점과 같은 필수 질문들은 자기소개서 Source 준비 과정에서 동시에 대비했어야 하기 때문입니다. 면접 기본 질문에 대응하기도 어려운 지원자가 예상 질문을 준비하거나 특수 면접을 준비하기 위해 많은 시간을 투자할 수는 없었을 것입니다.

면접에서는 답변 내용뿐만 아니라 이미지도 굉장히 중요합니다. 그런데 면접 직전까지 답변 내용만 준비하다가 미처 이미지를 신경 쓰지 못하는 지원자가 많습니다. 면접 평가 비중은 대부분 답변 내용 50%와 이미지 50%로 구성되는데 이에 부합하는 준비를 하지 못한 것이죠. 따라서 본격적인 면접 시기가 오기 전 자기소개서 작성 단계부터 내용적으로 탄탄하게 준비해야 합니다. 그래야 이미지 개선과 추가로 필요한 콘텐츠 준비에 필요한 시간을 확보할 수 있습니다. 이에 대한 방법론은 PART 2부터 단계적으로 소개하겠습니다.

PART 1에서 자기소개서의 기본에 대해 이야기하면서 여러 차례 강조한 키워드가 있는데 혹시 기억하시나요? 바로 '자기소개서 Source' 입니다. PART 2부터 이 Source를 본격적으로 만들어보겠습니다. Source 준비 방법과 활용 방법에 대한 고민은 이 책에 맡기고, 여러분은 준비된 인재라는 확신만 가지고 PART 2로 넘어가면 되겠습니다.

PART

나의 채용 이유를 설명하기 위한
Source 만들기

PART 2에서는 자기소개서 작성 전 반드시 준비해야 하는 첫 번째 Source인 '나의 채용 이유' 논리를 설정해 보겠습니다. 나의 채용 이유를 여러분의 상황에 맞춰 정리할 수 있도록 다양한 사례를 제시하고 자기소개서 문항에 적용하는 방법을 구체적으로 알아보겠습니다. 그런 다음 나의 채용 이유 Source를 활용한 면접 스크립트 정리 방법을 살펴보면서 자기소개서와 면접을 함께 준비해 보겠습니다.

01

Source 구성하기

'나의 채용 이유(지원 직무에 내가 왜 채용되어야 하는가?)'를 설명할 논리 설정의 중요성과 '나의 채용 이유'를 구성하는 7대 요소를 파악하고 7대 요소를 구성할 때 가장 중요한 점이 무엇인지 알아보겠습니다.

1. '나의 채용 이유' 설명이 중요한 진짜 이유

> S.T.A.R 기법으로 정리하기
>
> 두괄식으로 정리하기
>
> 마인드맵으로 정리하기
>
> 우선순위에 따라 정리하기

그동안 많은 전문가가 강조하고 여러 책에 언급된 자기소개서 작성 원칙입니다. 경험을 일목요연하게 정리한다는 측면에서 'S.T.A.R 기법(경험을 상황-과업-행동-결과로 정리하는 글쓰기 구조)'과 '두괄식 강조 방식'은 어느 정도 의미가 있습니다. 경험을 마인드맵으로 정리하거나 우선순위에 따라 정리하는 작업도 그동안의 경험을 체계적으로 확인할 수 있으므로 가치 있는 것이 사실입니다. 그렇다고 해서 이런 법칙만으로 최종 합격에 영향을 미치는 자기소개서를 작성할 수 있을까요? 저의 대답은 "절대 불가능하다."입니다.

저도 자기소개서 강의를 하는 사람으로서 그동안 많은 전문가와 책에서 전달한 자기소개서 관련 법칙이 최종 합격보다는 강의나 책으로 전달하기 수월한지에 초점이 맞춰졌음을 고백합니다. 조금 어려울 수 있지만 우리는 최종 합격을 목표로 자기소개서 작성에 대한 관점과 준비 방법을 완전히 바꿔야 합니다.

자, 그럼 평가자인 기업의 입장에서 자기소개서에 대해 다시 생각해 봅시다. 기업이 자기소개서를 통해 궁극적으로 확인하고 싶은 것이 무엇일까요? 도대체 무엇을 확인하고 싶기에 이렇게 많은 분량의 글을 요구하는 것일까요?

1) 직무 적합성 평가: 직무에 적합한 인재인지를 점검
2) 기업 적합성 평가: 기업이 중시하는 부분에 부합하는 인재인지를 점검

이 2가지가 기업이 자기소개서를 통해 평가하고자 하는 것의 전부입니다. 그렇다면 기업은 어떤 순서로 자기소개서를 평가할까요?

• **1단계**: 자기소개서에 높은 빈도로 사용한 중요 키워드를 조합한 1차 평가
• **2단계**: 1단계 평가에서 확인한 중요 키워드와 작성한 경험의 상관관계 (적절성, 진실성)에 대한 2차 평가

위와 같은 2단계 평가 방식이 실제로 기업이 자기소개서를 평가하는 방식입니다. 기업은 자기소개서를 평가할 때 '첫 문장 및 첫 문단(소제목 포함)/마지막 문장 및 마지막 문단/반복 사용된 어휘' 이렇게 3가지를 기준으로 자기소개서 전반에 강조된 키워드와 문장을 3~8개로 정리합니다. 이렇게 정리된 내용을 바탕으로 지원자가 직무와 기업에 적합한지를 1차적으로 평가합니다. 그런 다음에 1차 평가에서 검토한 키워드와 문장이 자기소개서에 기술한 경험 및 에피소드로 충분히 설명

되는지를 2차 평가하게 됩니다. 자기소개서 소재가 적절한지, 진솔하게 작성했는지를 다각도로 평가하는 것이죠. 이렇게 2단계로 매우 짧은 시간 안에 자기소개서를 검토하고 점수화하는 것이 자기소개서 표준 평가 방식입니다.

평가 방식이 이렇다면 우리가 그동안 알고 있던 자기소개서 작성 원칙에 의문이 생깁니다. 우선 첫 문장 및 첫 문단뿐만 아니라 마지막 문장 및 마지막 문단, 그리고 반복적으로 사용된 어휘도 중요하게 평가되므로 두괄식 구성만으로 좋은 평가를 받기 어렵다는 것을 알 수 있습니다. 자기소개서 전체에 강조된 중요 키워드와 문장을 평가하는 것이 1차 관문이므로 이에 부합하는 자기소개서를 쓰지 않았다면, 여러 법칙을 바탕으로 한 깔끔한 경험 전개도 큰 의미가 없다는 것을 알 수 있습니다.

결국 직무와 기업에 적합한 인재임을 어필하기 위해서는 주어진 자기소개서 문항에 어떤 방식으로 키워드와 문장을 배치할지 고민하는 것이 가장 중요합니다. 이를 위한 사전준비가 바로 '나의 채용 이유'에 대한 Source 준비입니다. 전통적인 경험 정리방식에서 벗어나 여러분이 경험으로 무엇을 얻었는지부터 고민할 필요가 있습니다. 기업이 자기소개서로 평가하고자 하는 핵심에 대한 답을 먼저 찾고, 그다음 단계로 나아가야 합니다.

2. '나의 채용 이유'를 구성하는 7대 요소 (C/C/K/E/A/F/A)

그렇다면 어떤 방식으로 '나의 채용 이유' 논리를 구성하는 것이 가장 적절할까요? 약 10년 전 여러분처럼 취업을 열심히 준비했던 누군가가 구성한 '나의 채용 이유' 논리를 먼저 살펴봅시다.

안녕하십니까! ○○ 기업 인사 직무에 지원한 지원자 ○○○입니다. 지금부터 제가 인사 직무에 채용되어야 하는 이유를 설명해 드리겠습니다. 저는 다음과 같은 7가지 이유로 인사 직무에 준비된 인재라는 확신이 있습니다.

1. Character

성격적으로 Plan B를 수립하는 데 강점이 있습니다. 인사 직무는 사람 개개인을 대상으로 업무를 수행하는 만큼, 그에 따른 불확실성이 내포되어 있습니다. 따라서 효율적으로 위험관리를 하는 것이 구성원 신뢰 확보를 위한 중요한 시작점이라고 생각합니다. 다양한 대외활동을 통해 인정받은 Plan B를 수정하는 성향을 바탕으로 인사 직무의 위험 요소를 효율적으로 관리하겠습니다.

2. Communication

소통을 할 때 사전에 많은 준비를 한다는 강점이 있습니다. 각양각색의 구성원을 하나의 통일된 인사지침을 기반으로 설득하기 위해서는 다양한 근거와 가정을 사전에 준비하는 소통 역량이 필수적이라고 생각합니다. 동아리 임원으로 활동하면서 다양한 개성을 가진 동아리원들을 설득하기 위해 철저한 사전준비로 맞춤형 대응했던 역량을 인사 직무에서도 발휘하겠습니다.

3. Knowledge

지식적으로 근로기준법과 산업안전 관련 법령에 대한 이해도가 높습니다. 인사 직무는 근거 규정에 대한 이해가 모든 업무의 시발점이라고 생각합니다. 저는 법학 전공자로서 근로기준법과 산업안전 관련 법령에 대한 기본 이해를 갖췄을 뿐만 아니라, ○○ 교육기관에서 인사 직무 관계 법령 교육까지 능동적으로 마친 인재입니다.

4. Experience

○○ 기업 인사팀 인턴 경험을 통해 '인사 직무에서 가장 중요한 것이 핵심 인재를 발견하고 관리하는 것'이라는 직무상 본질을 분명하게 배웠습니다. 입사 후 인사 직무에서 여러 형태의 업무를 수행하면서도 핵심 인재 관리와의 연결고리를 늘 고민하겠습니다.

5. Attitude

기본적으로 부족한 점을 객관적으로 바라보려는 태도를 가지고 있습니다. 이러한 태도를 통해 역량이 지속해서 향상될 수 있음을 확인한 인재입니다. 실무를 수행하면서도 성과를 내는 데 방해가 될 수 있는 부족한 역량에 대해 능동적으로 주목하고 고쳐나가겠습니다.

6. Future

이러한 Character, Communication, Knowledge, Experience, Attitude를 바탕으로 인사 직무에 준비된 인재로서, CDP 기반의 인사 전략을 고도화하겠다는 궁극적인 포부를 분명하게 가지고 있습니다. 이를 바탕으로 구성원 개개인의 방향성을 기업의 목표와 일치시킬 수 있는 인사담당자가 되고자 합니다.

7. Action Plan

마지막으로 이러한 궁극적 포부를 이루기 위해 필요한 데이터 가공 역량을 강화하기 위한 구체적인 계획을 가지고 있습니다. 특히 Tool 활용 역량을 강화하기 위해 ○○를 통한 이론 학습, ○○를 통한 실무적용 역량을 단계적으로 쌓아가겠습니다.

이미 눈치챈 분들도 있겠지만 이 논리 구조의 주인공은 바로 저입니다.

이 논리를 바이블로 취업을 준비했었습니다. 그렇게 뛰어난 스펙이 아니었음에도 수백 대 1의 경쟁률을 넘어 대기업 인사담당자가 될 수 있었던 가장 큰 이유는 자기소개서를 통해 하고 싶은 말을 논리적으로 전달한 덕분이라고 생각합니다.

1. Character와 2. Communication을 최대한 구체적으로 특정하면서 인사 직무를 제대로 수행할 수 있는 사람임을 어필하려고 노력했습니다. 3. Knowledge도 전반적인 지식이 아닌 특정 분야의 지식을 강조함으로써 이론적으로도 준비된 인재임을 어필하였습니다. 4. Experience는 '인턴 경험이 있습니다.'의 단순한 전개가 아닌 '인턴 경험을 통해 그전에 몰랐던 것을 알게 되었고 앞으로 이를 업무의 중요한 기준으로 삼겠습니다.'의 논리로 전개하였습니다. 또한, 기본적인 삶의 5. Attitude를 구체적으로 설명하여 인사 직무 담당자가 갖춰야 할 가치관을 분명하게 전달하고자 하였습니다. 6. Future를 통해 직무상 궁극적인 포부를 전달하여 높은 평가를 받고자 하였고, 궁극적인 포부를 이루기 위한 핵심 7. Action Plan을 함께 전달하여 직무에 준비된 인재임을 반복하여 어필하였습니다. 여러분도 본격적으로 자기소개서를 작성하기 전에 10년 전 저처럼 '나의 채용 이유'를 앞서 언급한 '7대 요소(C/C/K/E/A/F/A)'로 정리하는 작업이 필요합니다.

'나의 채용 이유(지원 직무에 내가 왜 채용되어야 하는가?)'를 설명하는 C/C/K/E/A/F/A

1. **Character**: 나의 기본적인 성격이면서 직무에서도 중요한 성격

2. **Communication**: 내가 중시하는 소통방식이면서 직무에서도 중요한 소통방식

3. **Knowledge**: 전공 또는 기타교육 과정을 통해 갖춘 직무의 기본이 될 수 있는 지식(특정 범주)

4. **Experience**: 전공 외의 핵심 경험으로 새롭게 알게 된 직무의 본질

5. **Attitude**: 삶이나 일상을 대하는 기본 태도이면서 직무에서도 중요한 태도

6. **Future**: 직무에서 이루고 싶은 가장 궁극적인 포부(시기 무관)

7. **Action Plan**: 궁극적인 포부를 이루기 위한 가장 중요한 계획 (강점 증대 또는 약점 보완)

C/C/K/E/A/F/A는 기업이 채용 과정에서 설정하는 평가항목과 유사합니다. 그러므로 자기소개서에 C/C/K/E/A/F/A를 반영했다면 모든 평가항목에서 높은 점수를 얻을 수 있는 조건을 1차적으로 갖추게 됩니다. 저의 현장 강의 수강생들의 높은 최종 합격률의 비결이 바로 명확한 C/C/K/E/A/F/A 설정이라고 확신합니다. C/C/K/E/A/F/A에 조금 더 다가가기 위해 이공계 직무인 생산관리 직무에 지원한다고 가정해 보겠습니다. 공학도로서 일반적인 수준의 경험을 한 지원자라면 다음과 같이 C/C/K/E/A/F/A를 설정할 수 있습니다.

1. **Character**: Detail을 유지하는 데 강점

2. **Communication**: 결론에 도달할 수 있도록 이끄는 소통 능력이 강점

3. **Knowledge**: 원가에 대한 이론적 배경이 강점

4. **Experience**: 생산하는 상품 자체에 대해 깊이 있게 이해하는 것이 중요하다는 것을 깨달음

5. **Attitude**: 나의 생각과 다른 결과가 나오더라도 받아들일 수 있다는 태도

6. **Future**: 수율 향상을 위한 전체적인 프로세스 개선

7. **Action Plan**: 부정적 지표에 대한 통계적 해석 역량 보완

이렇게 C/C/K/E/A/F/A를 한 문장씩 총 7문장으로 구성하는 것이 자기소개서 작성의 시작입니다. 물론 이 정도 설명과 예시만으로 완성도 높은 C/C/K/E/A/F/A를 구성하기는 어렵습니다. C/C/K/E/A/F/A가 무엇인지, 왜 중요한지 이해했다면 그것으로 충분하며 지금부터 C/C/K/E/A/F/A 구성 방법을 자세히 알아보겠습니다.

3. Character 구성하기

자기소개서 문항에서 자주 볼 수 있는 성격(성향)에 대한 부분입니다. 출제 빈도와 평가 반영비율을 고려했을 때, 자기소개서와 면접 모두를 위해 성격을 최대한 구체적으로 구성하는 것이 매우 중요합니다. 기업 입장에서는 경력이 많지 않은 신입 지원자의 잠재력을 평가하려면 성격을 점검하는 것만큼 효과적인 방법이 없기 때문이죠. 대부

분의 지원자는 성격 또는 성향 자체에만 몰두하여 방어적으로 답변하는 데 급급할 뿐, '나의 채용 이유'를 논리의 축으로 삼고 성격이나 성향을 풀어나가는 경우가 매우 드뭅니다. 지금부터 그동안의 자기소개서 준비 방법과 다르게 성격을 '나의 채용 이유'의 첫 번째 논리로 구성해 보겠습니다.

Character Source 작성 전 점검 포인트

Point 1 기업에서 강조한 키워드를 그대로 성격 또는 성향으로 언급하는 것을 피해야 합니다.

'성실합니다.', '끈기 있습니다.', '친화력이 있는 편입니다.', '꼼꼼합니다.'는 자기소개서에 많이 활용하는 키워드입니다. 사실 이런 성격이 직무를 원활하게 수행하는 데 중요한 것은 맞습니다. 그래서 기업이 지원자에게 이런 키워드를 강조하는 것이죠. 다만 기업의 입장에서 생각해 보면 기업은 지원자가 이런 성격을 가졌는지를 평가하겠다고 했을 뿐입니다. 강조한 키워드를 있는 그대로 자기소개서에 쓴다고 해서 높은 점수를 준다고 한 적은 한 번도 없습니다. 즉, 구체화한 자신만의 성격 키워드를 활용하여 기업이 제시한 성실한, 끈기 있는, 친화력 있는, 꼼꼼한 사람으로 평가받을 수 있도록 해야 합니다. 기업이 강조한 키워드를 직접 사용하면 오히려 자신의 성격에 대해 깊이 있는 고민을 하지 않은 사람으로 평가받을 수 있습니다.

Point 2 경험보다는 Character 키워드 자체가 중요합니다.

성격을 설명하는 경험이 인턴인지, 동아리인지, 학회인지, 교우관계
인지는 크게 중요하지 않습니다. 이후 설명할 구성 요소들은 키워드
만큼 경험도 중요하지만 성격은 설정한 키워드를 제대로 설명할 수
있는 경험이라면 어떠한 경험도 활용할 수 있습니다. 키워드가 중요
한 만큼 자기소개서나 면접에서 키워드만으로도 직무에 적합한 성격
을 가진 사람이라는 평가가 직관적으로 나올 수 있어야 합니다. 이 부
분을 1순위로 고려하면서 선정해 놓은 Character 키워드를 다시 한번
살펴봅시다.

Point 3 성격의 단점은 장점과 연계하는 것이 바람직합니다.

성격의 단점은 장점만큼이나 자기소개서와 면접에서 많이 나오는 문
항입니다. 여러분은 성격의 단점을 어떻게 기술하시나요? 성격의 단
점을 장점과 완전히 분리해서 기술하고 있진 않은가요? 결론부터 말
하면 성격의 단점은 장점과 연계하여 전개하는 것이 유리합니다. 성격
의 단점을 장점과 완전히 분리하면 그런 단점을 왜 가지게 되었는지에
대한 배경을 설명하기 어려워집니다. 따라서 기업의 평가항목과 자기
소개서의 일관성을 고려한다면 성격의 장점에서 단점을 도출하는 것
이 바람직합니다. 그럼 장점과 단점을 어떻게 연계할 수 있는지 예시
를 살펴볼까요?

[단점 유형 1] 납기나 마감 한계 유형

꼼꼼한 사람은 결과물의 완성도가 높은 대신 모든 것을 완벽하게 하려다 보니 마감일을 맞추는 데 큰 어려움이 있을 수 있습니다.

[단점 유형 2] 속도 한계 유형

트렌드에 민감한 사람이라면 최신 이슈를 빠르게 파악하는 대신 모든 상황에서 트렌드를 고려하다 보니 빠른 속도로 결과를 내기 어려울 수 있습니다.

[단점 유형 3] 계획 실현 한계 유형

주변 사람의 반응에 예민한 성격이라면 많은 사람의 공감을 얻을 수 있는 결과물을 만들 수 있는 반면 다른 것보다 주변의 반응을 우선시하여 계획대로 업무를 처리하는 데 어려움이 있을 수 있습니다.

[단점 유형 4] 유연성 한계 유형

원칙과 계획을 중시하는 사람이라면 업무 정확도가 높지만 아무래도 유연성이 떨어질 수 있습니다.

이러한 성격의 단점들은 업무를 하면서 문제가 될 수 있기에, 진솔하게 작성한 것으로 어필할 수 있습니다. 그럼에도 성격의 장점에서 시작된 것이기에, 단점을 가지게 된 배경을 명확하게 설명할 수 있습니다. 여러분도 성격의 장점을 도출한 후 단점과 연결할 수 있는 포인트가 없는지 고민한다면 성격의 장단점에 대한 전체적인 논리를 훌륭하게 완성할 수 있을 것입니다.

높은 점수를 얻을 수 있는 Character 유형 파악하기

여러 직무에서 공통적으로 높은 점수를 얻을 수 있는 성격과 기업 인재상에 어필할 수 있는 성격을 고려하여 유형을 구분하였습니다. 유형의 특징과 예시를 살펴보면서 자신에게 적합한 성격 키워드를 설정하기를 바랍니다.

유형 1	꼼꼼함을 강조하는 유형

이 유형은 모든 직무에 활용 가능한 유형입니다. 다만 꼼꼼함을 어떻게 발휘할 수 있는지 구체적으로 제시해야 합니다. 많은 기업이 '꼼꼼함을 오래 유지하는 인재, 꼼꼼하고 다양한 가정을 통해 앞으로의 일에 대비하는 인재, 꼼꼼하면서 여러 업무를 동시에 수행할 수 있는 인재'에게 높은 점수를 줍니다. 꼼꼼함이라는 키워드를 이미 많은 지원자가 직접적으로 언급하고 있는 만큼 구체화된 대체 키워드를 고민해야 합니다.

대표예시	• 디테일을 오래 유지하는 데 강점이 있는 성격 • 다양한 가정을 하는 성격(Plan B 수립에 강점이 있는 성격) • 동시에 무엇인가를 하는 데 강점이 있는 성격

유형 2	친화력을 강조하는 유형

이 유형은 많은 사람을 상대해야 하는 영업직은 물론 그 외 직무에서 협업 능력을 설명하기에 적절합니다. 친화력이 있는 사람이라면 인간관계를 어떻게 형성하고 유지할지에 대해서 생각해 보면 좋을 것 같습니다. 기업은 '인간관계를 소중히 여기는 인재, 인간관계를 넓히는 데 강점이 있는 인재, 새로운 관계를 두려워하지 않는 인재'에게 높은 점수를 줍니다.

대표예시	• 한번 맺은 관계를 오래 유지하는 것을 중시하는 성격 • 관계에서 폭넓은 확장을 중시하는 성격 • 새로운 사람과의 만남 자체를 즐기는 성격

유형 3	꾸준함을 강조하는 유형

대부분의 직무에서 어려운 목표도 이룰 수 있는 인재로 어필할 수 있습니다. 다만 모든 일에 꾸준하다고 하기보다, 특정 부분에 대한 꾸준함으로 한정해야 더욱 진솔하게 어필할 수 있습니다. 기업은 태도, 사용하는 언어, 습관 등의 꾸준함을 중시합니다.

대표예시	• 사용하는 언어의 일관성을 중시하는 성격 • 상대방을 대하는 태도의 일관성을 중시하는 성격 • 중요한 것을 꾸준히 기록하는 성격

유형 4	기타 활용 가능 유형

3가지 유형 외에 '트렌드'와 '신중'이라는 키워드를 성격으로 활용할 수도 있습니다. 트렌드에 민감하게 반응하는 성격은 대부분 직무에서 새로운 아이디어를 도출할 수 있는 인재로 어필할 수 있습니다. 또한, 신중한 성격은 위험관리를 잘할 수 있는 인재로 어필할 수 있습니다. 앞의 세 가지 유형으로 성격을 설명하기 어려운 경우 이 두 가지 유형도 함께 검토해 보기를 바랍니다.

대표예시	• 트렌드에 민감한 성격 • 신중하게 무엇인가를 판단하는 성격

TIP

C/C/K/E/A(Future/Action Plan 제외) Source 구성 시에 하나의 경험을 여러 요소에 중복해서 구성해도 됩니다. 단, 하나의 경험에 대한 구체적인 에피소드는 모두 달라야 합니다. 예를 들어, Character와 Attitude에 인턴 경험을 구성한다면 Character는 인턴을 하면서 조별 발표했던 경험, Attitude는 인턴을 하면서 멘토 코칭을 했던 경험과 같이 구체적인 에피소드를 다르게 해야 합니다.

나의 경험과 언어로 써 보는 Character Source(500~700자)

STEP 1 나의 성격 소개(1~2문장, 20~50자)

저는 디테일을 오래 유지하는 데 강점이 있습니다.

STEP 2 나의 성격이 삶에서 중요한 이유 설명(1~2문장, 50~100자)

디테일의 유지를 중시하는 이유는 이 과정을 통해 목표한 것을 현실화할 수 있다는 것을 여러 경험을 통해 확인하였기 때문입니다.

STEP 3 나의 성격이 직무 수행에서 중요한 이유 설명
　　　　　(1~2문장, 80~150자)

영업 직무에서 고객분석을 할 때 여러 지표를 디테일하게 꾸준히 점검하는 것이 가장 중요하다고 생각합니다. 이 과정을 통해 빠르게 변하는 트렌드에 대응하는 전략을 도출할 수 있다고 생각하기 때문입니다.

STEP 4 나의 성격에 부합하는 경험 소개(1문장, 20~50자)

저는 ○○ 전문가 교육과정에서 이러한 성격을 바탕으로 성과를 낸 경험이 있습니다.

STEP 5 나의 성격에 부합하는 경험에 대한 구체적인 설명
　　　　　(4~8문장, 300~450자)

8주간의 ○○ 전문가 교육과정에서 혁신기업 5곳의 미래 전략 분석 리포트를 만드는 것이 최종 과제였습니다. 정규 수업뿐만 아니라 여러 가지 팀 과제와 개인 과제가 있었기 때문에 첫 주부터 최종 과제를 준비하기가 쉽지 않았습니다. 하지만 최종 과제가 이번 교육과정의 궁극적인 결과물로서 높은 비중을 차지한다는 것에 대해 깊이 있게 생각하였습니다. 그래서 8주간 매일 최종 과제를 위한 자료취합 및 정리를 병행했습니다. 하루하루 지날수록 결과물에 여러 가지 논점을 제시할 수 있었고 구체적인 대응 전략도 제시할 수 있었습니다. 결과적으로 가장 높은 수준의 평가를 받고 교육과정을 1등으로 수료할 수 있었습니다.

|1문단|

4. Communication 구성하기

자기소개서에 소통 능력이 뛰어나다는 말을 쓰는 지원자가 많습니다. 기업이 소통의 중요성을 강조하다 보니 자연스럽게 자기소개서에 소통을 중요한 역량으로 쓰게 되는 것입니다. 그런데 소통의 사전적 뜻을 보면 소통에 대한 관점이 달라질 수 있습니다. 사전적으로 소통은 '막히지 아니하고 잘 통함', '뜻이 서로 통하여 오해가 없음'과 같이 정의됩니다. 그렇다면 기업이 소통을 강조하면서 던진 질문은 근본적으로 무엇일까요? 바로 '지원자만의 어떠한 방식으로 막히지 않고 잘 통하게 이야기합니까?'가 진짜 질문입니다. 진짜 질문의 핵심 키워드인 '지원자만의 소통방식'에 대한 답을 찾는 방식으로 두 번째 '나의 채용 이유'인 Communication을 구성해 봅시다.

Communication Source 작성 전 점검 포인트

자기소개서와 면접에서 지원자의 핵심 역량을 물어보는 경우가 많습니다. 이때 진솔함으로 평가에 영향을 줄 수 있는 역량이 바로 소통 역량입니다. 소통 역량은 핵심 역량으로 활용할 수 있으므로 좀 더 구체적이고 분명하게 논리를 설정하는 것이 좋습니다.

Point 1 '소통이 원활하다.'라는 표현은 피해야 합니다.

많은 지원자가 이 표현으로 자신의 소통 역량을 대신하려고 합니다. '소통이 원활하다.'는 말이 구체적으로 무슨 뜻일까요? 사실 긍정적으로 해석하려고 해도 '말을 잘한다.', '이야기를 잘 들어준다.' 이상으로 해석하기 어렵습니다. 이렇게 '소통이 원활하다.'는 표현 자체가 모호한 특성이 있기 때문에 사용하지 않는 것이 좋습니다. 기업은 지원자가 자기소개서에 '소통이 원활하다.'라는 표현을 쓴 것만으로 지원자 스스로 역량에 대한 분석을 제대로 하지 않은 것으로 판단할 수 있습니다. 그렇기 때문에 더 구체적인 키워드로 소통 역량을 표현할 필요가 있습니다.

Point 2 '설득'과 '신뢰 형성'에서 답을 찾을 수 있습니다.

소통의 유형이 워낙 다양하기 때문에 키워드를 정하는 것이 어려울 수 있습니다. 기업이 요구하는 소통의 핵심은 '공동의 목표를 달성하기 위한 구성원 설득 또는 신뢰 형성'입니다. 따라서 어떤 소통방식으로 상대방을 설득하고 신뢰를 형성할 수 있을지에 대해 고민해야 합니다.

높은 점수를 얻을 수 있는 Communication 유형 파악하기

유형 1	사전준비를 강조하는 유형

이 유형은 상대방과 소통하기 전 다양한 사전준비를 하는 유형입니다. 사전준비를 통해 상대방의 다양한 반응에 대비할 수 있다는 논리를 구성할 수 있습니다. 또한, 상대방을 설득하기 위한 많은 근거를 준비할 수 있다는 논리를 구성할 수도 있습니다. 대부분 직무에서 실무적으로 필요한 소통방식으로 강조할 수 있는 표현입니다.

대표예시	• 준비된 커뮤니케이터로서의 강점 • 다양한 가정을 통한 소통에 강점 • 이론이나 실증적 근거를 바탕으로 한 소통에 강점

유형 2	가이드 또는 피드백을 강조하는 유형

이 유형은 상대방에게 분명한 가이드를 해 주는 데 강점이 있는 유형으로 대부분 직무에서 요구되는 소통 역량입니다. 소통 과정 중의 피드백을 중시하거나 피드백을 잘하는 것도 중요한 소통 역량이 될 수 있습니다.

대표예시	• 간결한 소통을 통해 피드백을 많이 받는 데 강점 • 구체적인 모델을 제시하면서 소통하는 데 강점

유형 3	의견 조율을 강조하는 유형

이 유형은 기업의 공감을 얻기 좋은 소통 유형입니다. 실무에서 다양한 의견을 조율하거나 중재해야 하는 상황에 부딪히는 경우가 많기 때문입니다. 의견을 조율하거나 중재하기 위해 어떤 소통방식이 필요할지 고민하는 것이 좋습니다.

대표예시	• 최종 결론에 도달하기 전이라도 단계별 소 결론을 도출하는 소통 방식에 강점 • 구성원의 의견을 균등하게 반영하는 소통방식에 강점(시간, 반영 비율 등)

유형 4	기타 활용 가능 유형

3가지 유형 외에 '중립'과 '수시'를 키워드로 활용할 수도 있습니다. '중립'을 키워드로 여러 의견이 대립할 때 중간자 역할에 강점이 있다고 어필할 수 있습니다. '수시'를 키워드로 소통을 자주 하면서 해결 방법을 찾는 것에 강점이 있다는 것을 어필하면서 직무와의 연관성을 설명할 수 있습니다.

대표예시	• 중립적(중간자적) 소통에 강점 • 수시/높은 빈도수의 소통을 통한 솔루션 도출에 강점

소통 관련 경험이 적은 경우 키워드를 정하기 어려워 소통 역량을 어필하는 것을 포기하는 지원자가 있습니다. 하지만 경험이 부족하거나 소통에 능숙하지 않은 지원자일수록 본인만의 소통 역량을 특정해서 어필해야 합니다. 면접에서 능숙하게 대처할 수 있다는 확신이 적을수록 면접에서 보여주지 못한 나만의 소통방식이 있다는 것을 자기소개서로 전달할 필요가 있기 때문이죠. 아주 사소한 경험도 좋습니다. 소통 역량만큼은 포기하지 말고 준비하여 자기소개서와 면접에 대응합시다.

TIP 강의 바로 가기 ▶

나의 경험과 언어로 써 보는 Communication Source(500~700자)

STEP 1 나의 소통방식 소개(1~2문장, 20~50자)
저는 소통 과정에서 '사전준비'를 통해 상대방을 설득하는 데 강점이 있습니다.

STEP 2 나의 소통방식이 삶에서 중요한 이유 설명(1~2문장, 50~100자)
다양한 근거와 가정을 준비하는 것이 예상치 못한 상대방의 반응에 효과적으로 대응할 수 있는 가장 좋은 방법이라는 것을 많은 경험을 통해 배웠기 때문입니다.

1문단

STEP 3 나의 소통방식이 직무 수행에서 중요한 이유 설명
　　　　　(1~2문장, 80~150자)
생산 직무에서 품질, 연구개발팀과 소통하기 위해 다양한 형태의 사전준비는 필수라고 생각합니다. 같은 문제 상황에서 각 부서가 제시하는 솔루션의 차이가 큰 만큼 타 부서의 의견을 예상하고 대응 방법을 준비할 필요가 있기 때문입니다.

STEP 4 나의 소통방식에 부합하는 경험 소개(1문장, 20~50자)

3학년 ○○ 과목 조별 과제에서 준비된 소통역량을 바탕으로 좋은 성과를 낸 경험이 있습니다.

STEP 5 나의 소통방식에 부합하는 경험 구체적인 설명
(4~8문장, 300~450자)

○○ 과목 조별 과제는 산업공학, 기계공학, 화학공학 3개 전공이 함께 하는 융합과제였습니다. 따라서 전공자마다 주장이 다를 수밖에 없었습니다. 저는 산업공학도로서 조별 과제 결과의 방향을 '수익성'이라는 키워드로 잡는 것이 과제의 목표에 부합한다고 확신했습니다. 하지만 다른 전공 조원들의 주장도 상당 부분 근거가 있을 것이라고 예상했습니다. 따라서 최종 구상 회의 전 3가지 시뮬레이션 결과와 공학도 조원이 주장할 것으로 예상한 방향에 대한 의견도 준비했습니다. 이를 통해 최종 구상 회의에서 저의 생각과 다른 점도 쉽게 납득할 수 있었고, 방향을 '수익성'이란 키워드로 잡는 것에 대한 조원들의 동의를 만장일치로 얻을 수 있었습니다. 그 결과 조별 과제에서 예상보다 높은 성적을 얻을 수 있었습니다.

`1문단`

5. Knowledge 구성하기

직무 관련 지식은 내가 왜 직무에 적합한지에 대한 논리를 구성할 때 생략되거나 두루뭉술하게 표현되는 경우가 많습니다. 앞서 구성한 Character와 Communication은 직무 적합성을 간접적으로 보여준다면 직무 관련 지식은 직무 적합성을 직접적으로 보여줍니다. 예를 들어, 품질 직무에서 역량을 발휘할 수 있다고 강조한 지원자가 경험과 성격에 대해서는 잘 설명했지만 품질 직무 관련 지식을 묻는 질문에 전혀 답변하지 못하거나 모호하게 답변한다면 어떤 평가를 받게 될까요? 아마도 기업은 해당 지원자를 내실이 부족한 지원자로 단정할 것입니다. 내실이 부족한 지원자는 최종 합격하기 어렵겠죠. 그래서 우리는 직무에 준비된 내실 있는 지원자임을 어필하기 위해 직무 관련 지식을 준비해야 합니다.

Knowledge Source 작성 전 점검 포인트

Point 1 전반적인 지식이 있다는 말은 피해야 합니다.

자기소개서에서 가장 많이 볼 수 있는 지식 관련 표현으로 '전반적인 전공 지식', '~에 대한 전반적인 이해', '전공자로서의 강점' 등이 있습니다. 왜 이런 표현들로 역량을 어필하는지 충분히 이해합니다. 특정 영역의 지식을 강조하기에는 지식이 부족하다고 생각할 수 있고, 전공자로서 학습한 것을 모두 강조하고 싶은 마음일 수도 있습니다. 하지만 기업은 지원자가 쌓은 지식 중 어떤 것을 강조하는지에 따라 다른 점수를 줍니다. 그렇기 때문에 '전반적인'이라고만 표현하면 평가 방향에 어긋날 수밖에 없습니다.

Point 2 직무상 포부를 이루는 데 중요한 지식을 찾아봅시다.

어떤 지식을 강조하는 것이 좋을지 고민될 때에는 직무상 포부와 연결 지어 생각해 보는 것을 추천합니다. 직무상 포부를 이루는 데 중요한 역할을 하는 지식으로 좁혀서 생각해 보는 것입니다. 예를 들어, 영업 직에 지원한 사회학 전공자가 직무상 포부를 '고객 유형의 세분화'로 설정했다고 하면 전반적인 사회학 지식보다는 사람의 의사결정 단계에 대한 이론적 이해를 하고 있다고 강조하는 것이 더 매력적일 것입니다. 해당 지식을 바탕으로 고객 유형을 영업 현실에 맞게 구분할 수 있다는 전개로 직무상 포부와 자연스럽게 연결할 수 있기 때문입니다.

높은 점수를 얻을 수 있는 Knowledge 유형 파악하기

유형 1	특정 개념이나 영역에 대한 지식 유형

이 유형은 가장 일반적으로 선택할 수 있는 유형입니다. 직무에서 요구하는 여러 지식 중 특정 개념이나 영역에 대해 좀 더 깊이 이해하고 있다는 것을 강조할 수 있습니다. 이 유형은 강조하려는 지식이 다른 지식보다 중요한 이유를 설명하는 것이 가장 핵심입니다.

대표예시	• 인사 직무: 근로기준법과 산업안전법에 대한 이론적 이해 • 설계 직무: 도면에 대한 빠르고 정확한 해석 • 품질 직무: 품질 업무에 관한 규정에 대한 이해 • 마케팅 직무: 마케팅 효과 분석에 대한 지식 • 전략기획 직무: 의사결정 단계의 구조화와 관련한 이론적 이해 • 연구개발 직무: 재료 및 소재에 대한 이론적 이해 • 경영기획 직무: 자원의 활용과 진단에 대한 이론적 이해 • 생산기획 직무: 원가구조에 대한 분명한 이해 • 공정관리 직무: 공정의 구성요소에 대한 이해

유형 2	사례에 대한 이해 유형

직무와 관련된 다양한 사례에 대한 이해가 높다는 것을 지식의 강점으로 강조할 수 있습니다. 이 유형은 단독으로 사용할 수도 있지만 특정 개념이나 지식 영역에 대한 이론적 이해와 사례에 대한 이해를 모두 하고 있다고 주장할 때 더 매력적입니다. 두 과정을 통해 관련 지식을 입체적으로 갖추었다는 것을 어필할 수 있습니다. 우리가 경험한 많은 수업이 사례에 대한 이해를 수업 목적으로 한다는 것을 떠올려 보기를 바랍니다.

대표예시	• 수익관리와 관련한 다양한 사례에 대한 이해 • 비용 및 사이클타임에 대한 사례 기반 이해 • 다양한 마케팅 성공 및 실패 사례에 대한 이해 • 규정 적용 사례에 대한 이해

유형 3	위험 요소 관련 지식 유형

이 유형은 직무의 위험 요소에 대해 이론적으로 이해하고 있다는 것을 강조하는 유형입니다. 이 과정을 통해 직무에 대한 이해를 깊이 있게 하고 있음을 효과적으로 어필할 수 있습니다. 특히 특정 과목이나 교육과정을 언급하기 부담스러운 경우 지식을 위험 요소 관련 내용으로 잡는 것이 좋습니다. 긴 시간 여러 과정을 통해 직무의 위험 요소와 관리방안에 대해 점차 알게 되었다고 주장할 수 있습니다.

대표예시	• 회계 업무에서 발생 가능한 위험 요소에 대한 이론적 이해 • 공정에서 발생 가능한 핵심 위험 요소에 대한 이해

학점이 낮으면 지식 관련 역량을 어필하는 것에 대해 고민할 수 있습니다. 기준을 총 평점 3.0점(4.5점 만점 기준)으로 잡고 고민해 볼 것을 추천합니다. 총 평점 3.0점 이상이라면 전공과 직무의 연관성을 어필하는 것이 좋습니다. 총 평점 3.0점 미만이라면 전공보다 학업 외의 경험을 통해 깨닫게 된 지식을 어필하는 것이 좋습니다. 다만 학점에 따라 약간의 방향이 달라질 뿐 지식 관련 역량의 중요성은 학점에 따라 달라지지 않는다는 것을 명심해야 합니다.

TIP 강의 바로 가기 ▶

나의 경험과 언어로 써 보는 Knowledge Source(500~700자)

STEP 1 나의 직무 관련 지식 소개(1~2문장, 20~50자)

저는 근로기준법에 대한 이론적 이해뿐만 아니라 다양한 실무 사례에 대한 이해에도 강점이 있습니다.

STEP 2 나의 직무 관련 지식이 직무 수행에서 중요한 이유 설명
(1~2문장, 80~150자)

인사 업무의 시작과 끝인 근로기준법을 조문 기반의 이론적 이해만 하면 경영 현실에 맞는 전략을 도출하기 어렵습니다. 따라서 관련 사례에 대한 깊이 있는 이해가 이론적 이해만큼 중요하다고 생각합니다.

STEP 3 나의 직무 관련 지식의 중요성을 깨닫거나 관심 가지게 된 계기 소개(1문장, 80~150자)

저는 ○○ 전공과목을 통해 근로기준법과 관련한 긍정·부정 사례를 여러 항목으로 구분해서 이해하는 것이 중요하다는 것을 깨달았습니다. 항목으로 구분하는 것을 통해 인사 노무 솔루션 도출 방향이 크게 달라지는 것을 목격했기 때문입니다.

1문단

6. Experience 구성하기

자기소개서를 작성하기 위해서는 꽤 많은 경험이 필요합니다. 기업이 다양한 유형의 문항을 출제하므로 이에 대응하기 위한 풍부한 경험이 필수입니다. 이를 전제로 질문을 던져 보겠습니다. "자기소개서에 작성한 많은 경험 중 어떤 경험이 Main 경험이며, Main 경험을 통해 직무의 어떤 본질을 깨달았다고 주장하고 있나요?" 이 질문에 제가 여러분에게 전달하고 싶은 모든 것이 담겨 있습니다. 자기소개서를 통해 '직무에 준비된 사람'으로 어필하기 위해서는 많은 경험 중 가장 핵심적인 경험이 무엇인지 정하는 과정이 필요합니다. 그리고 핵심 경험을 통해 직무의 본질을 분명히 깨달았다는 논리를 완성해야 합니다. 어렵지 않은 Experience 구성을 통해 직무의 본질을 정확히 이해한 인재로 거듭나보도록 합시다.

Experience Source 작성 전 점검 포인트

Point 1 경험 자체가 역량이 될 수는 없습니다.

자기소개서에 본인의 강점을 작성하라고 하면 '~한 경험을 했습니다.'
정도로 작성하는 경우가 대다수입니다. 기업은 많은 지원자의 경험을
봐 왔기 때문에 경험 자체로 특별함을 전달하는 것은 현실적으로 어렵
습니다. 예를 들어, 마케팅 공모전에서 입상했다고 가정해 보겠습니다.
입상한 것이 개인에게는 큰 성공일 수 있으나 기업 입장에서는 이미 자
기소개서를 통해 많이 접한 경험입니다. 따라서 입상 자체를 강조하기
보다는 입상까지의 과정을 통해 '마케팅의 본질이 ~에 있다는 것을 정
확히 깨달았습니다.'라고 주장하는 것이 더 효과적입니다.

Point 2 깨달은 본질을 어렵게 작성하지 않는 것도 중요합니다.

Main 경험에서 어떤 본질을 깨달았다고 해야 할지 고민이 큰 분들도
있을 것입니다. Main 경험을 통해 깨달은 본질을 전문적으로 작성할
필요는 없습니다. 오히려 이런 부분에만 신경 쓰면 가식적으로 보일 수
있습니다. 동아리 경험, 인턴 경험, 아르바이트 경험 등을 통해 중요하
다고 느낀 것을 진솔하게 전달하면 됩니다. 예를 들어, '아, ○○ 그 자
체가 중요하구나.', '○○에 좀 더 신경 쓰는 것이 중요하구나.', '○○부
터 하는 것이 굉장히 중요하구나.'와 같이 말이죠. Experience에서 설
정한 논리와 키워드는 자기소개서에서 핵심 역량으로 활용될 만큼 유

용합니다. 다만 10개 이상의 기업에 지원한다면 기업 특성이나 직무에 따라 깨달은 본질을 다르게 언급하는 것이 적절할 수 있습니다. 따라서 Experience를 통해 깨달은 본질을 2~3개 만들어 놓고 지원 상황에 맞게 적용하는 것을 추천합니다.

Point 3 수동적으로 깨달은 것은 적절하지 않습니다.

Experience 정리 과정 중 가장 많이 하는 실수가 '다른 사람이 하는 것을 보고 깨달았습니다.'와 같이 수동적인 깨달음을 작성하는 것입니다. 반드시 능동적으로 경험하고 고민한 과정을 바탕으로 한 깨달음을 작성해야 합니다. '평소에 이론으로만 알고 있던 것을 현장에서 깨달은 경험', '좋은 결과를 내기 위해 고민하던 중 새로운 방법을 깨달은 경험', '다른 사람과 협력하면서 깨달은 경험'이 우리가 Experience에서 활용할 수 있는 Main 경험의 대표적인 예입니다.

높은 점수를 얻을 수 있는 Experience 유형 파악하기

유형 1	전달의 중요성을 깨달은 유형
이 유형은 Main 경험을 통해 '전달을 잘하는 것'이 결국 직무에서 성과를 내는 데 핵심이라는 것을 깨달았다고 설명하는 유형입니다. 대부분 직무에서 매력적으로 활용할 수 있습니다. 결과가 아무리 훌륭하더라도 그것을 제대로 전달하지 못한다면 대부분 직무에서 큰 어려움을 겪을 수밖에 없기 때문입니다.	
대표예시	• ○○ 경험을 통해 고객을 설득할 때 전달 수단 선택의 중요성을 깨달음 • 프로젝트를 통해 최대한 구성원의 개성에 맞춰 전달하는 것의 중요성을 깨달음

유형 2	이해관계자와의 관계 설정의 중요성을 깨달은 유형

이 유형은 대부분 직무에서 좋은 평가를 받을 수 있는 유형입니다. 실무를 수행할 때 다른 직무 담당자나 그 외 이해관계자의 도움 없이 단독으로 성과를 내는 것은 불가능합니다. 단독 업무 성격이 강한 연구개발 직무조차 생산, 품질, 기술 영업과의 연계가 매우 중요합니다. 따라서 Main 경험을 통해 직무와 연관된 타 직무나 그외 이해관계자와의 관계 설정이 중요하다는 것을 깨달았다는 전개는 기업이 실무에서 중시하는 것에 가장 가까우므로 좋은 평가를 받을 수 있습니다.

대표예시	• ○○ 경험을 통해 영업과 물류의 강한 연결고리에 대해 깨달음 • ○○ 경험을 통해 품질과 기획의 업무 연속성에 대해 깨달음 • ○○ 경험을 통해 전략 수립 과정에서의 재무의 중요성을 깨달음

유형 3	'~부터 시작하는 것'의 중요성을 깨달은 유형

신입사원이 많이 접하게 되는 경험은 선배 직장인의 경험과는 큰 차이가 있습니다. 보통 완성도와 결과보다는 '무엇부터 시작했는지', '무엇에 주목해서 아이디어를 냈는지'가 더 중요시됩니다. 따라서 Main 경험을 통해 직무에서 성과를 내기 위해서는 '~부터 시작하거나', '~에 주목하는 것'이 중요하다는 것을 깨달은 것으로 전개하는 것도 좋은 선택지가 될 수 있습니다.

대표예시	• ○○ 경험을 통해 공정기술 직무 수행에서 실현 가능성부터 고려하는 것이 중요함을 깨달음 • ○○ 경험을 통해 연구개발 직무 수행에서 관계 정부기관의 방향성에 대한 이해가 가장 선결되어야 함을 깨달음 • ○○ 경험을 통해 국내 영업 직무 수행에서 제품에 대한 상세한 이해가 가장 우선함을 깨달음

유형 4	특정 이론이나 개념의 중요성을 깨달은 유형

Main 경험을 통해 '어떠한 이론이나 개념에 대한 이해가 없었다면 제대로 성과를 낼 수 없다는 것을 깨달은 전개도 Experience의 한 방향이 될 수 있습니다. 입사 후에도 해당 이론이나 개념에 대해서 충분히 숙지하고 업무를 수행하겠다고 어필하면 **훌륭하게 마무리할 수 있습니다.**

대표예시	• ○○ 경험을 통해 인사 직무에서 CDP에 대한 이론적 이해가 중요함을 깨달음 • ○○ 경험을 통해 영업 직무에서 CRM에 대한 깊이 있는 이해가 중요함을 깨달음

유형 5	특정 분석 방법이 필요함을 깨달은 유형

직무에 관계없이 분석력이 있다고 단순하게 어필하는 지원자가 많습니다. 신입으로서 충분히 생각할 수 있는 역량이지만 조금 더 나아가 'Main 경험을 통해 직무에서 ~한 방식으로 분석하는 것이 중요하다는 것을 깨달았다'고 구체화하는 것은 어떨까요? 기업이 자기소개서에서 높은 점수를 부여하는 요소 중 하나가 '차별화된 분석 방법'이라는 것에 주목해 봅시다.

대표예시	• ○○ 경험을 통해 마케팅 트렌드 분석에서 카테고리 기반 분석의 중요성을 깨달음 • ○○ 경험을 통해 영업 타깃 분석에서 고객 정의를 바탕으로 한 분석의 중요성을 깨달음

Main 경험이 여러 개라면 어떤 경험을 우선 작성해야 할지 고민할 수 있습니다. 그런 경우 직접 경험한 업무(인턴, 계약직, 아르바이트 등) → 공신력 있는 직무 관련 활동(서포터즈, 공모전 등) → 전공 프로젝트 및 대형 과제 → 기타 활동(봉사활동, 동아리 등) 순으로 작성하는 것이 좋습니다. 유사한 종류의 활동이 많다면 직무와 가장 유사한 경험 → 수행 기간이 긴 경험 → 최신 경험 순으로 작성하는 것을 추천합니다.

TIP 강의 바로 가기 ▶

나의 경험과 언어로 써 보는 Experience Source(500~700자)

STEP 1 나의 직무 관련 경험 소개(1~2문장, 20~50자)
저는 ○○ 기업에서 인턴으로 매장관리 업무를 수행하면서 영업의 본질에 대해 깊이 있게 알게 되었습니다.

STEP 2 나의 직무 관련 경험을 통해 깨달은 직무의 본질 소개
　　　　　(1~2문장, 80~150자)
다양한 유형의 고객을 상대하면서 '제품에 대한 깊이 있는 이해'가 고객 만족의 핵심이라는 것을 깨달았습니다.

[1문단]

STEP 3 나의 직무 관련 경험을 통해 깨달은 직무의 본질이 직무 수행에서 중요한 이유 설명(직무 본질에 대한 이해가 없으면 발생할 수 있는 문제 포함)(2~3문장, 100~200자)
타깃 맞춤형 영업 전략이 고객에게 정확히 전달되기 위해서는 영업사원의 차별된 제품 이해가 선결 과제라고 생각합니다. 제품 정보만 이해하고 있다면 고객이 알고 있는 정보와 크게 다르지 않아 설득 과정에서 감동을 주기 어렵기 때문입니다. 그래서 영업사원은 '제품에 대한 새로운 해석'이 필요하다는 확신을 가지게 되었습니다.

STEP 4 직무의 본질을 깨닫게 된 경험에 대한 구체적인 설명
(4~8문장, 300~450자)

인턴과정 종료 2일 전, 70대 노부부 고객님이 침대를 교체하려고 영업점을 방문한 적이 있었습니다. 예산, 크기, 색상, 원목 등 고객님이 원하는 부분을 먼저 듣고 그에 맞는 3가지 제품을 추천해 드렸습니다. 그리고 제품에 대해 구체적으로 설명을 드리는 시간을 20~30분 가졌습니다. 저는 인턴으로서 핵심 제품에 대해 깊이 있게 이해하기 위해 고객이 얻는 효용가치 측면에서 제품 분석 파일을 능동적으로 만들어 왔습니다. 구매를 고민하는 노부부 고객님을 설득할 때 이 파일을 활용하면 더 정확한 설명이 가능하리라 판단했습니다. 그래서 팸플릿 설명뿐만 아니라 정리한 파일을 바탕으로 제품이 고객님에게 주는 효용가치를 자세히 설명해 드렸습니다. 그 결과 현장에서 구매를 바로 결정하셨고, 결제하시면서 "상품을 이렇게 예쁘게 설명하는 사람은 처음이야."라는 칭찬도 덤으로 해 주셨습니다.

> 1문단

7. Attitude 구성하기

'나의 채용 이유'를 구성하는 마지막 요소는 바로 태도입니다. 좀 더 구체적으로는 삶을 대하는 기본 태도를 의미합니다. 지금까지 구성한 성격, 소통, 지식, 경험 4가지 요소가 직·간접적으로 직무와의 연관성을 설명하는 데 중점을 뒀다면, 태도는 직무와의 연관성에 대한 부담을 조금 내려놓아도 좋습니다. 기업에 이러한 삶의 태도를 유지한다면 직무를 잘 수행할 수 있겠다는 것만 전달할 수 있으면 충분합니다. 기업은 우리가 생각하는 것보다 삶의 태도 및 가치관을 높은 비중으로 평가한다는 것을 꼭 기억합시다.

Attitude Source 작성 전 점검 포인트

Point 1 Attitude에 가장 많이 쓰이는 '성실', '끈기', '참을성'은 사용하지 않는 것이 좋습니다.

이 키워드들은 기업의 평가 요소에 불과하기 때문에 직접적으로 사용하는 것은 적절하지 않습니다. 기업이 성실하고 끈기 있는 태도의 인재를 선호하는 것은 맞지만 그 키워드를 직접 사용했다고 해서 높은 점수를 주지는 않습니다. 오히려 이러한 키워드를 사용하면 자기 분석이 부족한 사람으로 평가할 수 있습니다. 따라서 어떤 태도를 구체적으로 어필해야 성실하고 끈기 있고 참을성 있는 사람으로 평가받을 수 있을지를 고민해야 합니다.

Point 2 Attitude와 가치관의 연관성도 고민해야 합니다.

기업은 자기소개서 성장 과정 문항을 통해 가치관을 평가합니다. 또한, 면접에서의 직접 질문 및 꼬리 질문을 통해 가치관을 입체적으로 평가합니다. 이렇게 가치관은 최종 합격을 위해 중요한 키워드입니다. 그런데 나의 채용 이유를 구성하는 Attitude와 가치관의 방향이 지나치게 다르거나, 아예 관련이 없으면 기업은 혼란에 빠질 수밖에 없습니다. 둘 중 하나를 거짓으로 느낄 수 있고 둘 다 믿기 어려울 수도 있습니다. 따라서 Attitude는 면접에서 어필할 가치관과 어느 정도 일치된 방향으로 구성해야 합니다.

높은 점수를 얻을 수 있는 Attitude 유형 파악하기

유형 1	배우려는 태도 유형

이 유형은 보통의 신입사원에게 가장 적합한 태도입니다. 여러분이 입사하더라도 신입사원이기에 아직 배우고 경험해야 할 것들이 많습니다. 현재 보유하고 있는 직무 역량에 대한 확신과 자신감을 가지는 것은 중요하지만 그와 동시에 변화하는 트렌드를 파악하고 지식을 능동적으로 습득하겠다는 태도를 견지하는 것은 기업이 신입사원에게 원하는 가장 이상적인 모델입니다. 부족한 점을 채우거나 알고 있는 것을 더 배울 수도 있을 것입니다. 어떤 것이더라도 대부분 직무에 적용할 수 있습니다.

대표예시	• 부족한 부분에 대한 능동적 학습을 중시하는 태도 • 새로운 지식, 트렌드에 대해 지속적으로 관심 가지는 태도 • 사전에 많은 준비를 하고자 하는 태도

유형 2	해석의 다양성을 인정하는 유형

실무를 수행하다 보면 하나의 글이나 말도 다양한 해석이 가능하다는 것을 느끼게 됩니다. 원활한 의사소통을 바탕으로 한 업무 수행은 해석의 다양성을 인정하는 것에서부터 시작됩니다. 대부분의 기업은 이러한 태도를 가진 지원자를 팀워크나 성장 가능성과 연결하여 높게 평가합니다. 따라서 해석의 다양성을 인정하는 태도로 동아리 활동, 조별 활동 등을 수행한 적은 없는지 기억을 되짚어 보면 좋겠습니다.

대표예시	• 의견의 다양성을 인정하는 태도 • 해석이 다양할 수 있음을 인지하는 태도

유형 3	오류 가능성 인지 유형

'나의 결정도 틀릴 수 있다.', '오래 고민하고 결정하더라도 오류가 있을 수 있다.'는 태도는 대부분 직무에서 요구하는 필수적인 업무 태도입니다. 일을 꼼꼼하게 처리

하는 것과는 다른 태도입니다. 오류 가능성을 인지하게 되면 '업무 진행 상황을 더 자주, 더 많이 점검할 수 있다'는 강점을 도출할 수 있습니다. 지원하는 직무가 숫자 하나, 변수 하나에도 민감한 직무라면 이러한 태도가 업무에서 필수라는 것을 기억해 두면 좋습니다.

대표예시	• 틀릴 가능성을 고려하는 태도 • 반복 검증을 통해 완성도를 높이는 태도 • 지적에 대한 적극적 수용의 태도

유형 4	실행력 유형

주어진 목표를 반드시 달성하는 것은 기업이 요구하는 실행력의 핵심입니다. 직무 특성상 수치적인 목표가 중요하다면 태도로 실행력을 어필하는 것이 효과적입니다. 주어진 목표를 초과 달성하거나 계획보다 조기 달성한 경험을 떠올려 보면 좋겠습니다. 영업 직무뿐만 아니라 대부분 직무에서 목표를 초과 달성하거나 조기 달성하는 사람을 우수 인재로 평가합니다.

대표예시	• 목표를 반드시 달성하는 실행력의 태도 • 결과에 대하여 분명한 책임을 지는 태도

나의 경험과 언어로 써 보는 Attitude Source(500~700자)

1문단	**STEP 1 나의 삶의 태도 소개**(1~2문장, 20~50자) 저는 '틀릴 가능성을 고려하는 태도'를 가지고 있습니다. **STEP 2 나의 삶의 태도가 중요한 이유 설명**(1~2문장, 50~100자) 이러한 태도는 의견이 합리적인지 다시 한번 생각하게 합니다. 이를 바탕으로 가장 적절한 결론에 도달하게 되기 때문에 틀릴 가능성을 중시하는 편입니다.

STEP 3 나의 삶의 태도가 직무 수행에서도 중요한 이유 설명
(1~2문장, 80~150자)

마케팅 직무를 수행하면서도 이러한 태도가 중요하다고 생각합니다. 현재의 마케팅 방향과 영업 조직에 대한 가이드가 현장의 민감한 상황을 모두 반영하지 않았을 수 있기 때문입니다.

STEP 4 나의 삶의 태도에 부합하는 경험 소개(1문장, 20~50자)

○○ 과목 조별 프로젝트 중 틀릴 가능성을 제시하여 좋은 결과를 유도한 경험이 있습니다.

STEP 5 나의 삶의 태도에 부합하는 경험에 대한 구체적인 설명
(4~8문장, 300~450자)

1문단

○○ 과목 조별 프로젝트 주제는 구리 등의 광물자원 투자와 관련한 계획서 작성이었습니다. 다양한 논문과 국내 대표 상사기업 직원 인터뷰를 바탕으로 계획서의 큰 틀을 미리 완성하였습니다. 이를 기반으로 PPT 제작만 앞두고 있을 때, 저는 우리가 잡은 방향이 혹시나 틀릴 수 있지 않을까라는 화두를 던졌습니다. 상사기업 직원 인터뷰를 2명밖에 하지 않아 현업의 의견을 다소 왜곡해서 결과에 반영했을 가능성에 대해 생각하였습니다. 논의 결과 추가 인터뷰가 필요하다고 판단하여 3명의 직원과 추가로 인터뷰 일정을 잡게 되었습니다. 그 결과 결론에 논리적 비약이 있음을 발견하였습니다. 이를 근거로 원점으로 돌아가 다시 결론을 도출하고 PPT를 구성하였으며 결과적으로 A+를 받을 수 있었습니다.

8. Future 구성하기

자기소개서에서 지원자들을 가장 괴롭히는 문항 중 하나가 입사 후 포부 문항입니다. 어떤 방향으로 답안을 써야 하는지조차 감을 잡기 어렵기 때문입니다. 그렇다면 기업은 왜 매번 자기소개서를 통해 입사 후 포부를 확인하는 것일까요? 그 이유는 지원자가 궁극적으로 어떠한 직무적 포부를 가지고 있는지를 면밀히 점검하기 위한 것이라고 할 수 있습니다. 지원자가 자기소개서에 궁극적인 포부를 설명하는 과정을 통해 직무 적합성을 평가할 수 있기 때문입니다. 따라서 지금부터 우리는 '입사 후 포부'를 '직무상 궁극적인 포부'로 재정의할 필요가 있습니다. 혹시 그동안 입사 후 포부를 '신입이므로 일단 배우면서 실무를 익히고 최종적으로 기업의 비전을 달성하겠습니다.'의 구조로 작성하진 않았나요? 이제는 '직무상 궁극적인 포부가 무엇인지'와 '그것을 중시하는 이유가 무엇인지' 설명하고 '나의 역량으로 직무상 궁극적인 포부를 반드시 달성하겠다'는 전개로 바꾸어 보도록 하겠습니다.

Future Source 작성 전 점검 포인트

Point 1 직무상 궁극적인 포부는 시점이 정해져 있지 않습니다.

직무상 궁극적인 포부니까 20~30년 뒤 목표를 정해야 하는 것으로 오해할 수 있으나 그렇지 않습니다. 직무상 궁극적인 포부는 상황에 따라 입사한 지 얼마 안 돼서 달성할 수도 있습니다. 또한, 포부를 달성하더라도 꾸준히 관심을 가져야 할 수도 있습니다. 따라서 직무상 궁극적인 포부를 특정 시점의 최종 목표로 구성하기보다 직무를 수행하면서 기준으로 삼을 키워드로 구성하는 것이 좋습니다.

Point 2 기업의 이익 창출에 기여할 수 있다는 점을 간략하게라도 제시해야 합니다.

기업은 지원자가 직무상 궁극적인 포부를 전개하는 과정에서 기업에 줄 수 있는 이익이나 시너지를 언급하는지에 따라 점수를 매깁니다. 생각해 보면 너무나 당연한 평가 방식입니다. 직무상 궁극적인 포부가 실제로 기업의 향후 성장과 비전 달성, 매출 확대에 도움을 준다고 판단되어야 매력적으로 느껴지기 때문입니다. 따라서 지원자의 궁극적인 포부를 통해 기업이 얻을 수 있는 이익이나 시너지를 포함해서 Source를 구성해야 합니다.

높은 점수를 얻을 수 있는 Future 유형 파악하기

유형 1	Risk 관리 유형

직무상 궁극적인 포부를 설정할 때 가장 먼저 고민해야 하는 키워드가 'Risk 관리'입니다. 좀 더 분명하게 말하자면, 이 책을 읽는 여러분 모두가 반드시 궁극적 포부 중 하나로 Risk 관리를 설명할 수 있어야 한다고 생각합니다. Risk 관리는 모든 직무에서 절대적으로 중요합니다. 그 이유는 모든 직무에서 발생 가능한 Risk를 구조화하거나 예측 가능하게 하는 것이 실무 현장의 목표를 달성하는 데 매우 중요하기 때문입니다. 또한, Risk 관리는 기업의 수익 개선 및 비전 달성 등 시너지를 설명하기에도 매우 용이합니다. [Risk 관리를 직무상 궁극적인 포부로 내세우고 → 그것이 왜 중요한지 설명하고 → 직무에서 발생 가능한 Risk 요소에는 어떤 것들이 있는지 설명하고 → 그중 가장 주목하는 Risk 요소를 나의 역량으로 효율적으로 관리하겠다]는 전개를 추천합니다.

대표예시	• 공정에서 발생 가능한 Risk의 구조화를 궁극 포부로 삼겠습니다. • 영업 과정 중 지표상 드러나지 않는 Risk의 체계화를 궁극 포부로 삼겠습니다.

대표예시	• 전략 수립 과정 중 현장 부서의 목표치 미달 Risk에 주목하는 것을 궁극 포부로 삼겠습니다.

유형 2	표준화 유형

기업을 표준화 작업 없이 경영하는 것은 불가능합니다. 전국에 백화점 수십 곳을 운영하는 유통기업이 있다고 가정해 봅시다. 별개의 백화점이라고 해서 CS, 프로모션, 사회 공헌 활동, 정기 세일을 지점마다 다르게 하지 않습니다. 지역의 특수성을 고려할 수 있지만 안정적이고 성공적인 모델로 전국 백화점을 표준화하기 위한 전략을 도출합니다. 그 과정을 통해 기업의 아이덴티티를 일치시키고 시간 및 비용의 효율을 완성하기도 합니다. 그러므로 기업은 표준화라는 키워드에 늘 주목할 수밖에 없습니다. 직무에서 '프로세스', '전략', '현장 대응' 등 표준화를 더 고도화할 여지가 없는지 고민해 보고 직무상 궁극적인 포부로 삼아보도록 합시다.

대표예시	• 개발 프로세스의 표준화를 통한 효율 확보를 궁극 포부로 삼겠습니다. • 시기별 매출 전략의 표준화를 통한 이익 극대화를 궁극 포부로 삼겠습니다.

유형 3	○○와 ○○의 균형 유형

대부분 직무는 여러 가지 포부를 동시에 요구하는 경우가 많습니다. 하나의 포부만 주장하면 직무를 깊이 있게 이해하지 못한 지원자로 평가받을 여지가 있습니다. 영업 직무에서 신규 고객 확장만 강조하면 기존 고객 관리에 소홀한 것은 아닌지 우려할 수 있는 것처럼 말이죠. 따라서 '~와 ~의 균형' 자체를 직무상 궁극적인 포부로 삼는 것이 효과적일 수 있습니다. 직무에서 가장 중요한 키워드 두 개를 활용하여 '~와 ~를 동시에 신경 쓰겠습니다.', '한쪽에 치우치지 않게 하겠습니다.'로 궁극적인 포부를 표현하는 것입니다. 키워드가 두 개로 구성되는 만큼 직무 전문성을 입체적으로 어필할 수 있다는 장점이 있습니다.

대표예시	• 신규 개척을 통한 매출 확대와 기존 고객 유지를 통한 수익 안정화의 균형을 맞추는 것을 궁극 포부로 삼겠습니다. • 내부 생산, 연구 조직 니즈와 외부 고객사 니즈의 균형을 맞추는 것을 궁극 포부로 삼겠습니다.

유형 4	일치 유형

현실적으로 기업의 목표와 직원의 목표 사이에는 많은 차이가 발생합니다. 이러한 차이를 메우지 못할 경우 조기에 퇴사하거나 불만 가득한 회사생활을 할 수밖에 없습니다. 그런데 임원이 되거나 빠르게 승진한 사람들은 기업의 목표를 내재화한다는 공통점이 있습니다. '기업의 목표 달성이 곧 나의 목표 달성'이라는 것을 완전히 체득한 것이죠. 여러분도 '일치', '공감', '현실화' 등의 키워드를 활용해서 궁극적인 포부를 설정해 보는 것은 어떨까요? 기업의 핵심 비전에 지속해서 공감하거나, 여기에 나의 커리어적 목표를 일치시키겠다고 주장하는 것입니다. 단순한 전개이지만 자기소개서와 면접에서 위력을 발휘하는 경우가 많습니다.

대표예시	• 지원 기업의 조달 효율화라는 핵심 비전을 현실화하는 것을 궁극 목표로 삼겠습니다. • 지원 기업의 글로벌 영토 확장이라는 비전과 저의 커리어 목표를 일치시키는 것을 궁극 목표로 삼겠습니다.

유형 5	체감 유형

어떤 유형의 기업이라도 고객은 존재합니다. 그리고 기업은 고객이 차별화된 만족을 느꼈을 때 다시 선택받을 수 있습니다. 차별화된 만족을 위한 조건을 '체감'이라는 키워드로 풀어보는 것은 어떨까요? 고객이 실질적으로 '변화했다.', '좋아졌다.', '유익하다.'고 체감해야 차별화된 만족을 느꼈다고 할 수 있기 때문입니다. 그러므로 '체감', '사용자 경험', '접근성' 등의 키워드로 직무상 궁극적인 포부를 설정하면 고객을 중시하는 대부분 직무에서 효과적인 전략이 될 수 있습니다.

| 대표예시 | • 사용자 경험에 대한 혁신을 궁극 목표로 삼겠습니다. |
| | • 고객이 체감할 수 있는 전략을 도출하는 것을 궁극 목표로 삼겠습니다. |

| 유형 6 | 수익 & 타당성 유형 |

재무회계 직무가 아니더라도 '수익'과 '타당성'이란 키워드는 대부분 직무에서 굉장히 중요합니다. 기업이 투입할 수 있는 자원은 한정되어 있기 때문에 비용을 필두로 한 수익관리는 늘 중요하게 다뤄질 수밖에 없습니다. 또한, 타 직무와의 협업이 많은 직무는 타 직무와의 커뮤니케이션에서 논리적 타당성을 요구받는 경우가 많습니다. 따라서 '수익'과 '타당성' 이 두 가지 키워드는 직무를 넓은 시각으로 바라보고 있다고 어필하는 시작점이 됩니다.

| 대표예시 | • 타당성을 확보할 수 있는 품질담당자가 되는 것을 궁극 목표로 삼겠습니다. |
| | • 프로젝트 운영 과정에서의 효율적인 수익관리력(비용, 원가 등) 확보를 궁극 목표로 삼겠습니다. |

| 유형 7 | 특정 개념 주목 유형 |

이 유형은 직무에서 현재 가장 중요하다고 판단한 개념이나 이론을 직접 언급하는 유형입니다. 입사 후에도 이 부분에 지속해서 관심을 가지겠다는 것을 궁극적인 포부로 설정할 수 있습니다. 해당 개념이나 이론이 현재 직무를 관통하는 핵심이라면 충분히 효과적입니다.

| 대표예시 | • 지역맞춤형 대응(Rocalizing)을 궁극 포부의 핵심으로 삼겠습니다. |
| | • 고객의 생애 주기에 주목하는 것을 궁극 포부의 핵심으로 삼겠습니다. |

TIP

궁극적인 포부로 직위를 언급할 수 있습니다. 예를 들어, 재무 직무 지원자는 최고재무관리자(CFO), 생산 직무 지원자는 최고기술경영자(CTO)를 목표로 삼을 수 있습니다. 다만 직위를 언급할 때는 구체적으로 '~한 ○○가 되겠다'고 어필하는 것이 중요합니다. '~'에 활용할 수 있는 키워드가 바로 앞서 검토한 7가지 유형의 키워드입니다. 다만 단순히 CEO가 되겠다고 하는 것과 팀장, 본부장, 이사 등의 직위나 직함을 이야기하는 것은 피하기 바랍니다. 직무 전문성을 어필하기 매우 어려운 키워드들입니다.

TIP 강의 바로 가기 ▶

나의 경험과 언어로 써 보는 Future Source(700~900자)

1문단

STEP 1 직무상 궁극적인 포부 소개(1~2문장, 50~100자)
준비된 전략기획 직무 담당자로서 '예측 실패 Risk의 구조화'를 궁극적인 포부로 삼고자 합니다.

STEP 2 직무상 궁극적인 포부를 설정한 이유 설명
(2~3문장, 100~150자)
○○ 기업 의사결정의 시작점인 전략기획 직무에는 수많은 내·외부 위험 요소가 존재합니다. 이러한 위험이 현실화될 경우 연구, 기획, 생산, 품질 업무에도 부정적 영향을 끼치기 때문에 면밀한 관리가 필요합니다.

STEP 3 직무상 궁극적인 포부에 대한 자세한 설명
(2~3문장, 100~150자)
전략기획 직무의 위험 요소는 평판, 경쟁사, 경영환경, 무형의 지표, 보고방식 등으로 구성됩니다. 저는 현업 부서가 목표로 삼은 것을 달성하지 못하는 예측 실패 위험에 주목하고자 합니다. 이 위험이 발생하면 투입 자원관리 및 투자자 설득에 큰 어려움을 겪을 수 있기 때문입니다.

STEP 4 직무상 궁극적인 포부가 기업에 줄 수 있는 이익 설명
(1~2문장, 50~100자)

'예측 실패 위험의 구조화'는 지원 기업의 주주친화정책을 통한 신뢰 확보라는 목표를 실현하는 데 중요한 역할을 할 것입니다.

STEP 5 직무상 궁극적인 포부를 이루는 데 가장 필요한 역량 소개
(1문장, 20~50자)

이를 달성하기 위해서는 부정적인 지표에 빠르게 대응하는 역량이 필요하다고 생각합니다.

STEP 6 직무상 궁극적인 포부를 이루는 데 가장 필요한 역량이 있다는 것을 사례를 통해 설명(4~8문장, 300~450자)

1문단

○○ 전략 프로젝트 팀 리더로서 리서치, 실행, 구체화 총 3가지 파트를 총괄한 경험이 있습니다. 프로젝트 초반부터 파트별 최종 목표를 분명하게 설정하였습니다. 또한, 다음에 생길 문제를 정확히 추적하기 위해 팀원들의 동의를 얻어 주간 단위 목표까지 구성하였습니다. 이후 세부 달성률을 점검하던 저는 구체화 파트에서 부정적 지표 2가지가 발생한 것을 발견할 수 있었습니다. 이미지 작업 진행률도 떨어지고 이미지 의뢰 횟수도 목표치에 현저히 미달하고 있었습니다. 이후 구체화 파트 팀원들과 긴급회의를 진행하여 업무 순서에 문제가 있음을 파악하고 전체적인 주간 계획을 빠르게 재수립할 수 있었습니다.

→ STEP 6은 입사 후 포부 문항 글자 수가 500~600자 이상인 경우에만 작성하고 그 외에는 STEP 5까지만 작성

9. Action Plan 구성하기

Action Plan을 통해 직무상 궁극적인 포부를 달성하기 위한 구체적인 방법을 설명할 수 있어야 합니다. 이전에는 자기소개서에서 입사 후 포

부를 단순하게 물어봤다면 점차 '커리어 플랜'이라는 표현으로 구체적인 직무 성장 계획을 묻는 경우가 많습니다. 면접까지 고려한다면 Action Plan을 두 가지 정도 정리하는 것이 좋습니다. 나의 채용 이유 구성의 마지막 파트입니다. 조금만 더 힘내서 마무리해 보도록 합시다.

Action Plan Source 작성 전 점검 포인트

Point 1 역량의 강점과 약점을 균형 있게 다루는 것이 중요합니다.
궁극적인 포부를 달성하기 위해서는 현재 보유하고 있는 역량의 강점을 키우기 위한 계획은 필수입니다. 궁극적인 포부를 현실화할 수 있는 핵심 원동력을 기업에 강조할 필요가 있는 것이죠. 그뿐만 아니라 궁극적인 포부 달성을 어렵게 하는 역량의 약점에 대해 솔직히 말하고 보완 방법을 제시하는 것도 필요합니다. 기업은 자기 객관화에 강점이 있는 인재에게 높은 점수를 부여하기 때문입니다.

Point 2 구체적으로 제시해야 합니다.
단순히 중요성을 언급하는 수준에 그친다면 제대로 된 Action Plan으로 평가받기 어렵습니다. 구체적으로 어떤 활동을 할 것인지, 어떤 자격증을 취득할 것인지, 어떤 교육과정을 이수할 것인지 정도의 구체화는 필수입니다.

높은 점수를 얻을 수 있는 Action Plan 유형 파악하기

유형 1	사례 내재화 유형

궁극적인 포부를 달성하기 위해 수많은 사례를 능동적으로 내재화하는 것은 가장 쉬우면서도 확실한 Action Plan이 될 수 있습니다. '사례 내재화'란 직무 또는 경쟁사 관련 사례를 성공, 실패, 혁신 등의 항목으로 구분하여 자신만의 해석으로 정리하는 것을 의미합니다. 많은 기업의 아이디어와 개선안은 다양한 사례에 대한 이해에서부터 시작합니다. 따라서 다양한 사례를 능동적으로 정리하는 과정을 지속하겠다고 Action Plan을 설정하면 기업의 공감을 쉽게 얻을 수 있습니다.

대표예시	• 다른 산업에 적용된 사례에 대한 꾸준한 학습 • 부정적 결과를 초래한 사례에 대한 능동적 이해 • ○○ 기술 트렌드와 관련한 사례 정리

유형 2	추적 관리 유형

궁극적인 포부로 설정한 키워드는 대부분 중요한 가치를 가지고 있습니다. 다만 가치 있는 만큼 달성하기 어려운 경우가 많습니다. 따라서 가끔 점검하는 정도로는 궁극적인 포부를 달성하기 어려우며 한 번에 달성하기도 어렵습니다. 최근 기업들이 핵심 인재를 판단할 때 많이 사용하는 기준이 'Tracking(지속 추적 관리)'임에 주목할 필요가 있습니다. 궁극적인 포부를 달성하고 있는지 지속적으로 꾸준히 추적하고 관리하는 것이 궁극적인 포부를 달성하는 중요한 Action Plan일 수 있습니다.

대표예시	• 불량률 확인을 위한 점검 주기 단축 • 진성 니즈 파악을 위한 고객과 직접 대면하는 빈도 높이기

유형 3	데이터 역량 유형

대부분의 궁극적인 포부는 데이터 분석이 필수조건인 경우가 많습니다. 하지만 통계학을 전공하거나 직접 프로그램을 다뤄본 경험이 없다면 데이터를 원활하게 다

루기가 쉽지 않습니다. 상황에 따라 단순 반복 작업으로 데이터를 확인하거나 프로그램 활용 초급 수준에 그치는 경우도 많죠. 따라서 데이터와 관련해서는 능동적인 학습과 보완이 필요합니다. 직무에 따라서는 엑셀 활용 능력을 키우는 것도 Action Plan이 될 수 있습니다.

대표예시	• 직무 관련 데이터 Tool에 대한 능동적인 학습 • 엑셀의 복합함수에 대한 이해

유형 4	규정 이해 유형

모든 업무는 사내 규정과 유관 법령을 기반으로 수행하게 됩니다. 따라서 궁극적인 포부를 달성하기 위해 업무를 둘러싼 규정과 법률에 대한 이해가 우선적으로 필요한 경우가 많습니다. 이러한 Action Plan은 업무의 근본을 이해하고 있는 사람으로 평가받을 수 있다는 장점이 있습니다.

대표예시	• 사내 취업 규칙에 대한 이해 • 의료법 변화 과정에 대한 이해 • 최근 변경된 환경 관련 규정에 대한 이해

유형 5	특정 이론과 지식 학습 유형

궁극적인 포부 달성에 특정 이론과 지식이 필수적으로 요구되는 때가 있습니다. 이런 부분이 보완되지 않는다면 궁극적인 포부에 근접하기조차 어려운 때도 있죠. 궁극적인 포부에서 필수적으로 요구하는 이론과 지식임에도 아예 모르거나 대략적으로 알고 있지는 않은지 생각해 봅시다.

대표예시	• 포지셔닝 방법에 대한 이해 • 검사장비에 대한 이론적 이해 • 물리적 성질에 대한 이해 • 공정에 대한 이론적 이해

STEP 1 직무상 궁극적인 포부를 이루기 위한 두 가지 계획 제시
(1~2문장, 80~150자)

~라는 궁극적인 포부를 달성하기 위해, 'IT 트렌드 사례 내재화'와 '공정에 대한 이론적 이해' 두 가지를 중요한 Action Plan으로 삼겠습니다.

STEP 2 두 가지 계획을 설정한 이유(2~3문장, 150~200자)

개발에서 가장 중요한 단계는 프로젝트 방향이 설정되는 기획 단계라고 생각합니다. 따라서 IT 트렌드를 사례 기반으로 폭넓게 이해하고 있을 때 고객의 니즈에 부합하는 기획안을 도출할 수 있다고 생각합니다. 또한, ○○ 기업은 고객의 75% 이상이 반도체 산업에 속해 있어 반도체 공정에 대한 이해가 필수적이라고 판단했습니다.

1문단

STEP 3 먼저 달성할 계획의 구체화 과정 제시(2~4문장, 180~250자)

IT 트렌드 사례를 국내와 해외로 구분하여 저만의 언어로 정리하고자 합니다. 국내 카테고리에서는 동종업계 기업들이 최근 1년간 집중한 프로젝트 방향을 정리하겠습니다. 해외 카테고리에서는 가트너에서 선정한 중요 키워드가 글로벌 IT 기업 사업에서 현실화되었는지를 점검하겠습니다.

STEP 4 그다음 계획의 구체화 과정 제시(2~4문장, 180~250자)

그뿐만 아니라 ○○ 기업의 주 고객사인 ○○ 반도체 기업의 실제 공정 과정을 빠르게 이해하겠습니다. 우선 ○○에서 주관하는 반도체 전문가 교육과정을 온라인으로 수강하겠습니다. 이를 통해 공정관리자에 준하는 이론적 이해를 갖출 수 있도록 하겠습니다. 이후에도 관련 포럼 등에 적극적으로 참여하여 반도체 산업에 대한 이해도가 높은 개발자가 되겠습니다.

02

Source를 활용한 자기소개서 문항 작성하기

지금까지 '우리를 채용해야 하는 이유'를 7가지 요소로 구성하였습니다. 요소별로 가장 적절한 키워드를 확정해 500~700자의 Source(Future는 700~900자)로 완성하였습니다. 여기까지 진행하였다면 차별화된 자기소개서를 쓸 1차 준비를 마친 것입니다. 지금부터는 정리한 키워드와 Source를 실전 자기소개서 문항에 적용하는 방법을 구체적으로 살펴보겠습니다. 준비한 C/C/K/E/A/F/A를 본격적으로 활용해 봅시다.

1. 직무 지원동기 문항에 적용하기

직무 지원동기 문항은 출제율이 40% 이상일 정도로 중요한 문항입니다. 그런데 직무 지원동기를 작성하기가 참 쉽지 않습니다. 직무에 관심을 갖게 된 계기 위주로 쓰자니 다소 부족해 보이고 최근 에피소드를 쓰자니 비약이 심하게 느껴지는 경우가 많습니다. 답을 찾으려면 기업의 입장에서 생각해 보는 것이 가장 쉬운 방법이겠죠? 기업이 직무 지원동기 문항에 큰 비중을 두는 이유는 지원자의 역량을 입체적으로 확인하기에 가장 적합한 문항이기 때문입니다. 즉, 직무 지원동기 전개를 통해 여러분이 가지고 있는 직무 역량을 꼼꼼하게 확인하려는 것이죠. 앞서 C/C/K/E/A/F/A를 정리한 가장 큰 이유 중 하나가 바로 이러한 목적을 가진 직무 지원동기를 제대로 설명하기 위한 것이었습니다.

'제가 ○○ 직무에 지원한 이유는 저의 ~한 역량과 ~한 역량을 바탕으로 ~라는 직무상 궁극적인 포부를 이룰 수 있다는 확신 때문입니다.'의 논리로 직무 지원동기를 전개해 봅시다. 이 논리로 직무 지원동기를 작성하면 평가 기준에 부합하는 글을 완성할 수 있습니다. 물론 일부 경력직인 경우 업무 경험을 통해 자연스럽게 직무를 선택했다고 전개할 수 있습니다. 또한, 특수한 전공인 경우 전공을 선택할 때 이미 직무도 정했다고 말할 수 있습니다. 하지만 이런 경우를 제외한 95% 이상의 일반 지원자는 위의 논리로 직무 지원동기를 작성했을 때 평가 기준에 부합하는 글을 완성할 수 있습니다.

1) C/C/K/E/A/F/A를 활용한 직무 지원동기 작성 유형

[유형 1] Character + Experience = Future

○○ 직무에 지원한 이유는 저의 '○○한 성격'과 '○○한 경험을 통해 배운 직무 본질 이해'를 바탕으로 '○○라는 궁극적인 포부'를 달성할 수 있다는 확신 때문입니다.

[유형 2] Communication + Knowledge = Future

○○ 직무에 지원한 이유는 제가 가장 중시하는 '○○한 소통방식'에 '○○에 대한 지식'을 더해서 '○○라는 궁극적인 포부'를 달성할 수 있다는 확신 때문입니다.

[유형 3] Knowledge + Experience = Future

○○ 직무에 지원한 이유에 '○○에 대한 지식'과 '○○ 경험을 통해 배운 ○○의 본질에 대한 이해'를 결합하여, '○○라는 궁극적인 포부'를 달성할 수 있다는 확신 때문입니다.

TIP

직무 지원동기 주의사항

✓ 위의 3가지 작성 유형 외에도 C/C/K/E/A 중 두 가지를 자유롭게 조합하여 Future로 연결할 수도 있습니다. 다만 Character, Communication, Attitude는 직무 역량을 간접적으로 보여주는 편입니다. 따라서 Character, Communication, Attitude 중 두 가지를 조합하는 것보다 Knowledge, Experience 중 한 가지와 조합하는 것이 직무 역량을 직접적으로 보여주기에 적절합니다.

✓ 입사 후 포부 문항이 따로 있더라도 직무 지원동기에 Future를 간단히 언급해도 됩니다. 직무 지원동기 논리를 완성하기 위해 궁극적인 포부를 활용하는 것은 불가피하기 때문입니다. 다만 Future를 자세히 설명하기보다는 1~2문장 정도로 간단하게 언급하는 것이 좋습니다.

2) 직무 지원동기 작성 방법

[STEP 1] 직무 지원동기 총괄 설명
C/C/K/E/A 중 2가지 역량을 언급하면서 직무상 궁극적인 포부로 자연스럽게 연결합니다.

[STEP 2] STEP 1에서 언급한 역량 관련 에피소드 설명
C/C/K/E/A 500~700자 Source에서 작성한 에피소드를 활용하여 남은 글자 수에 맞게 작성합니다.

3) 직무 지원동기 작성 예시

예시 1 Character + Experience = Future(생산관리 직무)

[STEP 1] 직무 지원동기 총괄 설명
저는 '디테일한 성격'을 갖췄을 뿐만 아니라 '다양한 인턴 경험을 통해 생산현장에서의 피드백 고도화 중요성'을 인지하고 있는 준비된 생산관리자입니다. 이러한 역량의 조합으로 웨이퍼의 생산성을 최대로 유도하겠다는 궁극적인 포부를 현실화하기 위해 생산관리 직무에 지원하였습니다.

[STEP 2] STEP 1에서 언급한 역량 관련 에피소드 설명
○○ 조별 과제 준비과정에서 발생 가능한 변수를 내부, 외부, 간접, 직접 등으로 디테일하게 나누어 구성원의 호평을 받은 경험이 있습니다. 또한, 인턴 경험을 통해 생산현장에서 지표 기반의 피드백뿐만 아니라, 작업자 개개인의 특성을 고려한 업무 방향성 피드백도 중요하다는 것을 깨달았습니다. 이러한 이해를 바탕으로 인턴 최종 과제 주제를 '현장에서 발생 가능한 피드백 유형 분석과 유형별 대응 방안'으로 삼아 높은 평가를 받았습니다. 입사 후 '디테일'과 '피드백'을 기반으로 웨이퍼의 품질과 수율을 동시에 높이는 엔지니어가 되도록 하겠습니다.

* 글자 수를 더 채워야 할 경우 조별 과제 준비 경험과 인턴 경험을 2~4문장씩 추가로 설명할 수 있습니다.

예시 2 Communication + Knowledge = Future(인사 직무)

[STEP 1] 직무 지원동기 총괄 설명

저는 '소통 과정에서 사전준비를 통한 신뢰 확보를 중시'하며 '인적자원 관리의 본질에 대한 이해를 입체적'으로 하고 있는 준비된 인사담당자입니다. 이러한 2가지 역량을 바탕으로 인사 직무의 위험 요소를 관리하여 ○○ 기업의 이익에 기여할 수 있다는 확신으로 인사 직무에 지원하였습니다.

[STEP 2] STEP 1에서 언급한 역량 관련 에피소드 설명

○○동아리 회장 경험을 통해 다양한 개성을 가진 구성원들의 신뢰 확보를 위한 '소통 과정에서의 다양한 가정'의 중요성을 깨닫고 적극 활용하였습니다. 또한, 전공뿐만 아니라 별도 수강한 ○○ 교육과정을 통해 인적자원 관리 이론과 사례를 균형 있게 습득해왔습니다. 이러한 역량들을 충분히 활용하여 인사 직무에서 발생 가능한 수많은 위험 요소를 선제적으로 파악하고 대응하겠습니다.

* 글자 수를 더 채워야 할 경우 동아리 회장 경험과 별도 수강한 교육과정 경험을 2~4문장씩 추가로 설명할 수 있습니다.

2. 역량/성격/포부 등의 주요 문항에 적용하기

지금부터는 C/C/K/E/A/F/A를 직접 활용할 수 있는 자기소개서 문항을 살펴보겠습니다. 자기소개 문항의 30~40%는 C/C/K/E/A/F/A 키워드와 Source로 직접 대응할 수 있습니다. '지원동기, 성장 과정, 도전/창의 등의 경험, 사회 이슈 문항'을 제외한 대부분의 자기소개서 문항은 C/C/K/E/A/F/A로 설명할 수 있습니다. 이렇게 보니 우리가 C/C/K/E/A/F/A를 준비한 것만으로도 참 많은 준비를 했다는 것을 알 수 있습니다. 자기소개서 문항의 30~40%를 커버하는 작업을 한 것이기 때문이죠. 자기소개서를 작성할 때 흔히 경험하게 되는 몇 가지 유형을 통해 C/C/K/E/A/F/A를 어떻게 활용하면 좋을지 확인해 보겠습니다.

유형 1	성격의 장점에 대해서 기술해 주세요.

C/C/K/E/A/F/A 중 Character에서 구성한 키워드 및 Source를 그대로 활용하면 됩니다. 활용에 있어 특별히 주의할 부분은 없으며, 요구된 글자 수에 맞게 에피소드 설명 길이를 조절하는 것에만 신경 쓰면 됩니다. 글자 수를 매우 적게 요구하더라도 에피소드 설명 길이를 짧게 조절할 뿐, Source 전개 순서와 분량은 가능한 한 유지하는 것이 좋습니다.

유형 2	역량상 강점에 대해서 기술해 주세요. (본인의 최대 강점/경쟁력/직무적합도에 대해서 기술해 주세요.)

Future를 제외한 C/C/K/E/A 5가지의 우선순위를 미리 확정해 두는 것이 이러한 유형의 문항에 효율적으로 대응할 수 있는 시작점이 됩니다. 보통은 'Experience → Knowledge → Communication → Character → Attitude' 순으로 정리하는 것이 유리하나, 여러분의 상황에 맞춰 우선순위가 달라지는 것은 무방합니다. 이렇게 우선순위를 정하고 나면, 역량상 강점을 작성하는 방식에는 여러 가지 선택지가 있을 수 있습니다. 예를 들어, 다른 자기소개서 문항에서 성격을 따로 물어보지 않았다면, 여러 검토 끝에 Character를 역량상 강점으로 확정하여 기술할 수 있습니다. 만약 직무 지원동기 문항이 따로 있어, Experience와 Knowledge 키워드를 이미 직무 지원동기에 설명했다면, Communication을 역량상 강점으로 선택하는 것도 가능합니다. 즉, 문항 구성에 따른 효율적 배치가 중요한 것입니다. 그리고 글자 수에 따른 선택도 중요합니다. 500자 안팎을 요구한 경우에는 C/C/K/E/A 중 1가지를 기술하는 것이 적절하지만, 700~800자 이상을 요구한 경우에는 C/C/K/E/A 중 2가지를 선택해서 2문단 병렬 기술하는 것이 합리적입니다. 역량상 강점을 획일적으로 단정해 놓기보다 'C/C/K/E/A의 우선순위를 정하고, 요구되는 문항에 맞춰 합리적으로 배치해야겠구나.'라는 생각을 가지는 것이 중요합니다.

유형 3	입사 후 포부를 작성해 주세요.

C/C/K/E/A/F/A 중 Future에서 구성한 키워드 및 Source를 그대로 활용하면 됩니다. 활용에 있어 특별히 주의할 부분은 없으며, 요구된 글자 수에 맞게 경험 설명 길이를 조절하는 것에만 신경 쓰면 됩니다. 글자 수를 매우 적게 요구하더라도 경험 설명 길이를 짧게 조절하거나 생략할 뿐, Source 전개 순서와 분량은 가능한 한 유지하는 것이 좋습니다.

유형 4	직무 커리어 플랜을 작성해 주세요.

C/C/K/E/A/F/A 중 Future와 Attitude를 모두 활용하는 방식으로 대응하는 것이 좋습니다. 이 유형은 요구된 글자 수에 관계없이 2문단으로 구분하여 작성하도록 합시다. 1문단에는 Future에서 구성한 키워드 및 Source를, 2문단에는 Action Plan에서 구성한 키워드 및 Source를 활용하는 것이 좋습니다. 이렇게 F/A를 단계별로 설명하는 것은 '직무상 궁극 목표에 대한 소개 및 이를 이루기 위한 준비 계획 소개'를 의미합니다. 따라서 직무 커리어 플랜 관련 문항의 출제 목적에 완전히 부합하는 전개를 가능하게 합니다. 글자 수가 500자 안쪽으로 적게 요구될 경우에도 2문단 구분은 유지하도록 합시다. 다만 글자 수가 적은 만큼 Future Source에서 나의 역량 소개 및 경험 소개 부분은 모두 제외하고 작성해 보도록 합시다. 또한, Action Plan Source에서도 글자 수를 줄이기 위해, 2가지 계획이 아닌 1가지 계획만 작성해도 무방합니다.

유형 5	본인의 핵심 역량 2~3가지를 기술해 주세요.

유형 2에서 강조한 바와 같이 C/C/K/E/A 5가지의 우선순위가 정해져 있다면 아주 쉽게 해결할 수 있는 유형입니다. 대응 방식은 아주 간단합니다. 우선순위에 따른 역량을 하나씩 문단 처리해서 작성하면 충분합니다. 각 문단에는 Source로 이미 정리한 내용이 그대로 들어가면 됩니다. 다만 역량을 여러 관점에서 제시하고 있음을 기업에 어필하기 위해서는 아래 예시와 같이 역량 카테고리를 직접 지정해서 문단마다 소제목을 달아주는 것도 효과적입니다.

3가지 역량 설명을 요구한 경우 소제목 예시

- 1문단 소제목: [Character: 관계 유지에 강점]

- 2문단 소제목: [Knowledge: 원가에 대한 압도적 이해]

- 3문단 소제목: [Attitude: 능동적인 학습 중시]

유형 6	본인을 자유롭게 어필해 주세요.
	(완전한 자유 양식 자기소개서가 아닌 다른 문항과 더불어 있는 경우)

다른 문항에서 소진되지 않은 C/C/K/E/A/F/A를 작성하는 방식으로 접근하는 것이 좋습니다. 다른 문항에서 성격, 역량상 강점, 직무 지원동기, 입사 후 포부 문항 등을 통해 C/C/K/E/A/F/A가 많이 소진되었다고 하더라도, 미 사용된 키워드가 일부 남아 있기 마련입니다. 본인을 자유롭게 어필하라는 문항은 '본인이 직무에 왜 채용되어야 하는지에 대하여 다 설명하지 못한 것이 있다면 자유롭게 작성해 보세요.'로 변환해서 이해하는 것이 유리합니다. 500자 안팎이라면 미 사용된 C/C/K/E/A/F/A 중 1가지를, 1000자라면 2가지를 작성해 보도록 합시다.

Source를 활용한
면접 준비하기

우리가 C/C/K/E/A/F/A 키워드와 Source를 준비한 또 다른 이유는
면접 스크립트를 효율적으로 준비하기 위해서입니다. 지금까지 정리
한 C/C/K/E/A/F/A를 30~45초(4~6문장) 분량의 면접 스크립트로 변
환해 봅시다. 분량을 30~45초(4~6문장)로 정한 이유는 해당 분량이 면
접에서 가장 이상적인 발화 시간이기 때문입니다. 이미 Source로 정리
한 내용을 활용해서 면접 스크립트를 작성하면 됩니다. 다만 자기소개
서 작성에 맞게끔 자세히 작성한 경험을 면접 스크립트 특성에 맞게 줄
이는 것이 고민 포인트입니다.

그렇다면 면접의 본질은 무엇일까요? 면접은 기본적으로 '인재들의 우

선순위 정하기' 성격을 가집니다. 서류 전형, 인적성검사 등의 주요 단계를 비슷한 수준으로 통과한 인재들을 우선순위에 따라 구분하기 위한 것이 바로 면접입니다. 따라서 '왜 다른 경쟁자가 아닌 당신을 채용해야 합니까?'에 대하여 다른 경쟁자보다 뛰어나게 설명해야 하는 것이 면접의 핵심입니다. 하지만 보통 기업은 이 질문을 직접적으로 하지 않고 아래와 같이 간접적으로 묻습니다.

> 왜 이 직무를 선택하셨나요?
>
> 직무에 대한 확신을 하게 된 계기가 무엇인가요?
>
> 가장 핵심적인 역량이 무엇인가요?
>
> 본인만의 차별화된 경쟁력은 무엇인가요?
>
> 어떤 소통방식을 중시하나요?
>
> 본인의 성격을 간단히 설명한다면 어떻게 표현할 수 있나요?
>
> 입사 후 직무에서 무엇을 이루고 싶은가요?
>
> 포부를 달성하기 위한 구체적인 계획이 있나요?
>
> 자유롭게 본인의 역량을 어필해 보세요.

역량 확인형 질문들은 위의 예시뿐만 아니라 상황과 맥락에 따라 다양한 형태로 제시됩니다. 따라서 질문마다 답변을 하나하나 준비하여 면접에 완벽하게 대응하기는 어렵습니다. 1,000~2,000개의 질문에 대한 답변을 모두 준비하고 암기한다면 가능할지도 모르지만 현실성이 없는 이야기이죠. 그러므로 현장에서 면접관의 질문 의도에 따라 언제든지 꺼낼 수 있는 무기가 반드시 있어야 합니다. 그 무기가 바로 C/C/K/E/A/F/A 기반 면접 스크립트입니다. 우리는 이미 Source 를 무기로 준비해 두었으니 면접에 활용할 수 있도록 조금만 수정하면 됩니다.

1. C/C/K/E/A/F/A 기반 면접 스크립트 변환 방법

C/C/K/E/A/F/A를 평균 500~700자 Source로 작성할 때 참고한 'STEP별 전개 논리'가 요소별로 존재했었습니다. 이 STEP 순서대로 1문장씩 구성하여, 4~6문장의 분량으로 면접 스크립트가 최종 완성되도록 하는 것이 핵심입니다. 따라서 면접 스크립트로 변환할 때, 경험 상세 기술 전까지의 Source 내용은 상당 부분 그대로 활용하는 것이 유효하지만, 맨 마지막 단계였던 경험 상세 기술 STEP만큼은 간결하게 1~2문장으로 요약해서 면접 스크립트를 작성하는 것이 중요합니다.

- **STEP 1** Source 작성 시 참고한 STEP별 전개 논리 확인하기(평균 STEP 5~6 구성)
- **STEP 2** 경험 기술 전까지의 논리는 Source를 그대로 준용하면서 면접 스크립트 작성 시작하기
- **STEP 3** 경험 기술 내용을 1~2문장으로 요약한 후 면접 스크립트 마무리하기

2. C/C/K/E/A/F/A 기반 면접 스크립트 변환 예시

1) 준비된 Source 예시

저는 근로기준법에 대한 이론적 이해뿐만 아니라 다양한 실무 사례에 대한 이해에도 강점이 있습니다. 인사 업무의 시작과 끝인 근로기준법을 조문 기반의 이론적 이해만 하면 경영 현실에 맞는 전략을 도출하기 어렵습니다. 따라서 관련 사례에 대한 깊이 있는 이해가 이론적 이해만큼 중요하다고 생각합니다. 저는 ○○ 전공과목을 통해 근로기준법과 관련한 긍정·부정 사례를 여러 항목으로 구분해서 이해하는 것이 중요하다는 것을 깨달았습니다. 항목으로 구분하는 것을 통해 인사 노무 솔루션 도출 방향이 크게 달라지는 것을 목격했기 때문입니다. **→ 이 부분까지가 경험 기술 전까지의 논리** 특히 ○○ 전문가 과정을 능동적으로 수강한 경험은 근로기준법의 다양한 사례를 이해하는 결정적인 계기가 되었습니다. 과정 중 ○○ 실습과목을 통해서 근로기준법에 대한 해석 오류 사례를 다양하게 목격할 수 있었습니다. 해석 오류가 단순히 인사 노무 분쟁에서 그치는 것이 아니라 경영실적에까지 악영향을 준다는 것을 ○○ 기업 사례를 통해서 알게 되었습니다. 또한, ○○ 기업 사례를 통해 급여 산정과 관련한 노조와 기업의 기준 해석의 차이가 가지는 위험성도 배울 수 있었습니다. 이를 통해, 특정 시점에 따라 적용이 달라지는 근로기준법의 변동성에 늘 주목해야 한다는 점을 분명하게 인지하게 되었습니다.

2) 준비된 Source 기반 면접 스크립트 변환

저는 근로기준법에 대한 이론적 이해뿐만 아니라 다양한 실무 사례에 대한 이해에도 강점이 있습니다. 인사 업무의 시작과 끝인 근로기준법을 조문 기반의 이론적 이해만 하면 경영 현실에 맞는 전략을 도출하기 어렵습니다. 따라서 관련 사례에 대한 깊이 있는 이해가 이론적 이해만큼 중요하다고 생각합니다. 저는 ○○ 전공과목을 통해 근로기준법과 관련한 긍정·부정 사례를 여러 항목으로 구분해서 이해하는 것이 중요하다는 것을 깨달았습니다. 항목으로 구분하는 것을 통해 인사 노무 솔루션 도출 방향이 크게 달라지는 것을 목격했기 때문입니다. → **이 부분까지는 Source 내용 그대로 활용**

특히 ○○ 기업의 기준 해석과 관련한 사례는 이러한 부분을 제대로 이해하게 된 중요한 과정이었습니다. → **경험 기술 내용을 1~2문장으로 줄이는 과정**

이 방법으로 C/C/K/E/A/F/A Source 모두 면접 스크립트로 만들어봅시다. 이 과정을 통해 면접에서 언제든지 활용할 수 있는 무기 7개를 완성할 수 있습니다. 이렇게 완성한 스크립트는 직무 관련 핵심 질문 30~40개에 효과적으로 대응할 수 있습니다. 이렇게 많은 질문을 커버할 수 있는 스크립트라면 지금 바로 정리해 봅시다. 이미 C/C/K/E/A/F/A 키워드와 Source가 있으므로 시간이 많이 걸리지는 않을 것입니다.

PART

7대 경험 Source 만들기

PART 3에서는 자기소개서 작성 전 반드시 준비해야 하는 두 번째 Source인 '7대 경험과 관련된 논리'를 설정해 보겠습니다. 우선 기업 이 7대 경험을 중시하는 이유를 살펴보고, 그에 부합하는 준비 방향 을 세워보겠습니다. 그리고 다양한 사례를 통해 7대 경험 문항 대응 의 핵심이라고 할 수 있는 '재정의 기반 정리 방법'을 알아보겠습니 다. 7대 경험 역시 C/C/K/E/A/F/A만큼 면접에서 자주 출제되는 만큼 면접과의 연계 포인트도 함께 짚어보겠습니다.

01

Source 구성하기

7대 경험을 자세히 분석하여 어떤 키워드로 재정의할지, 어떤 경험이 중요한지 알아보고 확정된 재정의와 경험을 800~1,000자 Source로 완성하는 방법을 알아보겠습니다. 이를 바탕으로 5,000~7,000자(7대 경험×800~1,000자)를 미리 작성해 놓으면 C/C/K/E/A/F/A로 다 채울 수 없었던 자기소개서의 나머지 절반을 짜임새 있게 채울 수 있습니다.

1. 기업이 경험 문항을 자주 출제하는 이유

> 솔직히 이렇게 뻔한 질문을 왜 하는지 모르겠어요.
> 출제한 의도를 알아야 잘 쓸 텐데 의도를 모르겠어요.
> 다른 문항보다 글자 수가 많은 편이라 구성하기가 어렵고 시간도 많이 들어요.
> 경험이 많이 없는데 기업이 요구하는 경험이 많아서
> 어떻게 대처해야 할지 모르겠어요.

출제 의도를 알 수 없는데 글자 수는 많고 심지어 다양한 경험까지 필요한 자기소개서 문항이 바로 '~한 경험에 관해 기술하세요.' 문항입니다. 자기소개서를 한 번이라도 써봤다면 아래 문항들을 접해 봤을 것입니다. 이러한 유형의 문항이 전체 문항의 30~40%를 차지하고 있기 때문이죠.

> 가장 도전적이었던 경험에 관해 기술해 주세요.
> 팀원들을 공동의 목표로 유도했던 경험에 관해 기술해 주세요.
> 인생에서 가장 힘들었던 경험을 기술해 주세요.
> 혁신을 통해 성과를 냈던 경험에 관해 기술해 주세요.
> 의견이 다른 사람과의 갈등을 조정한 경험에 관해 기술해 주세요.

실제로 대기업뿐만 아니라 공기업에서도 자기소개서에 '경험 확인형 문항'을 셀 수 없이 많이 출제하고 있습니다. 그렇다 보니 대부분의 지원자가 이 문항을 낯설어하지는 않지만, 자주 출제되는 만큼 적절한 작성 방법을 찾지 못했다면 이 문항은 계속해서 지원자를 괴롭히는 문항일 수밖에 없습니다. 작성 방법을 제대로 설정하기 위해서는 기업이 왜 경험 확인형 문항을 자주 출제하는지에 대한 근본적인 이해가 필요합니다. 철저히 기업 입장에서 생각해 볼까요? 어떤 기업이 도전 경험을 묻는 문항을 출제했다고 가정해 봅시다. 아마도 아래와 같은 4가지 의도를 가지고 출제했을 것입니다.

기업이 도전 경험 문항을 출제한 4가지 의도

[의도 1] 키워드 확정
우리는 도전이라는 키워드가 매우 중요합니다. 인재상, CEO 메시지, 사업 중점 방향 등을 기반으로 확정된 키워드이기 때문입니다.

[의도 2] 재정의 설명 요구
따라서 우리가 중요시하는 도전이라는 키워드를 지원자가 어떻게 재정의하는지가 가장 궁금합니다. 재정의란 키워드에 대한 지원자만의 노하우일 수도 있고, 새로운 정의일 수도 있고, 구체화일 수도 있을 것입니다.

[의도 3] 경험 설명 요구
그런데 경험 없이 재정의를 설명하면 우리가 지원자의 답변을 신뢰하기 어렵습니다. 따라서 관련 경험 확인이 필요합니다.

[의도 4] 접점 설명 요구
마지막으로 재정의한 부분을 직무 수행 혹은 회사생활에 적용하겠다고 전달한 지원자에게 높은 점수를 부여하고자 합니다.

기업이 경험 확인형 문항에서 던진 키워드(도전, 창의 혁신 등)는 인재상, CEO 메시지, 사업 중점방향 등을 고려하여 선정한 핵심 키워드입니다. 따라서 이 문항의 출제 목적을 기업이 선정한 핵심 키워드에 부합하는 인재를 채용하고자 하는 것이라고 어렵지 않게 유추할 수 있습니다. 그렇다면 핵심 키워드를 직접 사용해서 그에 부합하는 인재라고 주장하면 좋은 점수를 받을 수 있을까요? 이에 관한 답을 얻기 위해서는 대부분의 지원자가 저지르는 대표적 실수부터 짚어보는 것이 중요합니다.

> 저는 도전적인 인재입니다.
> 저는 창의성을 발휘한 경험이 있습니다.
> 저는 리더십을 중시합니다.
> 저는 갈등 해결에 강점이 있습니다.

특별한 재정의 없이 이렇게만 어필하는 경우가 대부분입니다. 이렇게 작성하면 핵심 키워드에 대한 재정의를 확인하려는 기업의 출제 의도에서 완전히 벗어나게 됩니다. 아직까지도 대부분의 지원자가 별도의 재정의 없이 키워드를 직접 사용하는 것에만 몰두하여 글을 작성하고 있습니다. 재정의만 명확히 하더라도 상위 10% 지원자가 될 수 있는 조건을 갖출 수 있습니다. 아래와 같은 방식으로 작성한다면 말이죠.

> 제가 생각하는 도전은 ~입니다.
> 창의는 ~한 조건에서 발휘된다고 확신합니다.
> 리더십은 ~에 집중할 때 공감을 얻을 수 있습니다.
> 갈등 해결은 ~가 핵심입니다.

지금부터 핵심 키워드를 재정의하고 그렇게 재정의한 이유를 설득력 있게 설명한 후 그에 부합하는 경험 에피소드를 구성해 봅시다. 기업은 중요하다고 한 키워드를 지원자만의 해석 없이 있는 그대로 언급하는 지원자를 선호하지 않는다는 것을 꼭 기억해 둡시다. 결국 재정의가 경험 확인형 문항의 핵심이자 유일한 해결 방법입니다.

2. 재정의를 활용한 7대 경험 정리 방법

재정의의 중요성을 알았다면 7대 경험이 정확히 무엇인지 알아보고 800~1,000자 Source로 구성하는 작업을 시작하겠습니다.

유형 1: 도전/열정/성공 경험

유형 2: 창의/혁신/아이디어 도출 경험

유형 3: 글로벌 경험

유형 4: 갈등해결 경험

유형 5: 팀워크 경험

유형 6: 실패 경험

유형 7: 리더십 경험

여러분의 경험을 7대 경험으로 정리하고 재정의하면 90% 이상의 경험 확인형 문항에 바로 대응할 수 있습니다. 그렇다면 도전/열정/성공 경험을 묶고 창의/혁신/아이디어 도출 경험을 묶은 이유가 무엇일까요? 이들은 출제 의도와 평가 방향이 동일하며 한 기업의 자기소개서에서 중복 출제되는 경우가 거의 없기 때문에 효율적인 준비를 위해 하나로 묶었습니다. Source는 자기소개서 평균 글자 수에 맞게 원활한 활용을 위해 800~1,000자를 3문단으로 구성하는 것이 가장 적절합니다. 구체적인 작성 포인트를 유형별로 꼼꼼하게 살펴볼 예정입니다. 지금은 800~1,000자 Source를 구성할 때 글자 수 배분과 문단 구성을 아래와 같이 하는 것이 핵심이라는 것만 인지하면 충분합니다.

7대 경험 800~1,000자 Source 구성 방법

- **1문단**(재정의 문단, 100~200자)
  기업이 자기소개서 문항을 통해 물어본 핵심 키워드에 대한 나의 해석을 작성하는 문단으로 'STEP 1. 재정의 제시 → STEP 2. 그렇게 재정의한 이유 설명 → STEP 3. 2문단에 작성할 경험 간단 소개'로 전개

- **2문단**(경험 설명 문단, 400~700자)
  1문단에서 전달한 재정의에 부합하는 경험을 기술하는 문단으로 'STEP 1. 경험의 이유, 역할, 문제 상황(목표, 갈등 등) 제시 → STEP 2. 재정의를 적용한 경험 자세히 설명 → STEP 3. 경험의 최종 결과'로 전개

- **3문단**(직무 접점 문단, 100~200자)
  1, 2문단에서 전달한 재정의 및 경험과 직무 수행 또는 회사생활과의 연관성을 설명하는 문단으로 'STEP 1. 직무 수행 또는 회사생활에서 경험할 상황 가정 → STEP 2. 재정의를 통한 극복 의지 설명'으로 전개

7대 경험 Source로 작성하기에 앞서, 재정의의 중요성에 대해서 한 번 더 사례를 통해 전달하고자 합니다. 이렇게까지 반복하는 것은 그만큼 재정의에 대한 이해가 매우 중요하기 때문입니다. 기업이 자기소개서

문항에서 글로벌 경험에 대해 물어봤다면 기업의 의도와 우리의 대응 방법은 다음과 같아야 합니다.

글로벌 경험 문항 출제 의도와 대응 방법

- **출제 의도**
  글로벌은 우리가 인재상에서 가장 중요하게 생각하는 키워드입니다. 따라서 지원자가 본인만의 언어와 생각으로 글로벌 역량을 어떻게 재정의하는지 자기소개서를 통해 평가하고자 합니다. 그리고 재정의를 증명할 경험이 제대로 있는지를 점검하고, 직무 수행이나 회사생활과의 연관성도 잘 짚어내고 있는지를 꼼꼼하게 확인하고자 합니다.

- **대응 방법**
  '저는 글로벌 인재입니다.'라고만 어필하는 것은 매우 부적절합니다. 초반에 '글로벌 역량이란 결국 ~입니다.', '글로벌 역량의 시작은 ~입니다.'와 같이 재정의한 후 관련 경험과 직무 또는 회사와의 연관성을 단계적으로 설명해야 합니다.

3. 도전/열정/성공 경험 구성하기

도전/열정/성공 경험은 7대 경험 중 가장 많이 출제되며 대부분 기업의 인재상을 관통하는 매우 중요한 경험입니다. 기업은 어떤 방식으로 열정을 발휘했는지, 어떤 점을 도전 정신의 핵심으로 보는지, 성공의 비결이 무엇인지를 바탕으로 경험을 평가합니다. 따라서 재정의와 경험 구성을 통해 이 평가 포인트에 부합하는 답변을 준비하는 것이 과제인 셈이죠. 다행인 점은 도전/열정/성공 3가지 키워드를 통해 기업이 확인하고 싶어하는 것이 동일하다는 점입니다. 그렇다 보니 대부분의 자기소개서는 이 세 가지 키워드 중 한 가지만 확인하며 동시에 출제되는 경우는 거의 없습니다.

도전/열정/성공 경험 재정의 및 Source 작성 전 점검 포인트

Point 1 재정의가 열정의 방법이자 성공의 원동력이고 도전의 핵심 키워드여야 합니다.

예시를 먼저 들어보겠습니다. 어떤 지원자가 진정한 성공을 위해서는 많은 사람으로부터의 반복 검증이 가장 중요하다는 논리를 설정했다고 가정해 봅시다. 이러한 반복 검증 노하우는 성공의 원동력일 뿐만 아니라 도전정신의 핵심 키워드이며, 열정을 발휘하는 방법이라고 볼 수 있습니다. 이렇게 이 유형에서 설정할 재정의가 도전/열정/성공 경험을 모두 관통할 때 자기소개서에 범용적으로 활용할 수 있습니다. 또 다른 예시로 시간을 많이 투입하는 것을 중시하는 사람이 있다고 가정해 볼까요? 압도적인 시간의 투입을 열정의 방법이자 성공의 원동력, 도전의 핵심 키워드로 모두 제시할 수 있습니다. 이렇게 구체화한 재정의를 통해 도전, 열정, 성공을 모두 만족시키는 논리를 지금부터 고민해 봅시다. 그렇다면 이 유형에서 절대 해서는 안 되는 실수는 무엇일까요? '저는 도전하는 인재입니다.', '열정을 발휘한 경험이 있습니다.', '성공을 많이 경험했습니다.'와 같은 단순 전개는 기업의 질문에 정확히 답한 것이라고 보기 어렵습니다. 이런 실수부터 피해 봅시다.

Point 2 최대한 Main 경험을 기술해야 합니다.

7대 경험 중 도전/열정/성공 경험을 제외한 다른 유형의 경험은 동아리 경험을 추천하거나, 인턴 경험을 추천하는 등 구체적인 경험 전개를 추천하게 될 것입니다. 하지만 이 유형은 여러분이 가장 주요 경험이라고 생각한 것을 작성하는 것이 정답입니다. 어떤 배경의 경험이라도 현재 내가 가장 자신 있게 내세울 수 있는 경험으로 이 유형에 대응했을 때 가장 효과적으로 어필할 수 있습니다.

Point 3 가능한 한 두 가지 Source를 준비하는 것이 좋습니다.

많이 출제되는 중요한 유형인 만큼 한 가지 Source만 있으면 실전 자기소개서 작성 시 한계를 느낄 수 있습니다. 따라서 이 유형만큼은 1순위와 2순위로 구분된 두 가지 Source를 미리 작성해 두는 것이 좋습니다. 두 가지 Source의 재정의와 경험을 모두 다르게 작성한 후 기업이 강조하는 부분에 따라 선택하여 반영하는 것이 필요합니다. 아래의 재정의 예시를 충분히 이해한다면 두 가지 Source를 무리 없이 구성할 수 있을 것입니다.

높은 점수를 얻을 수 있는 도전/열정/성공 경험 유형 파악하기

유형 1	자원 유형

기업의 모든 의사결정은 자원에 대한 판단을 바탕으로 이루어집니다. 그렇다 보니 자원은 대부분 기업에서 직간접적으로 중요하게 사용하는 키워드입니다. 따라서 '보유하고 있는 자원을 모두 쏟아부었던 경험은 없는지, 보유하고 있는 자원의 우선순위나 투입순서를 고려한 경험은 없는지, 어떤 자원을 보유하고 있는지 정확히 확인한 경험이 없는지' 생각해 보면 좋겠습니다. 만약 이런 경험이 있다면 도전/열정/성공 경험에 활용할 재정의 소재가 될 수 있습니다. 여러분이 학생이라면 투입할 수 있는 자원에는 무엇이 있을까요? 예를 들어, 조언을 구할 수 있는 교수님이나 멘토는 인적자원, 동아리 예산이나 자료를 사기 위한 금액은 물적자원, 120시간 혹은 한 달을 투입한 것은 시간자원일 수 있습니다. 이 외에도 자원의 유형은 다양하니 투입했던 자원에 대해서 곰곰이 되짚어봤으면 합니다.

대표예시	• 가용 가능한 자원을 총 투입하는 것 • 자원에 대한 우선순위를 확보하는 것

유형 2	세분화(계획) 유형

타깃을 세분화해서 살펴보거나 과정을 세분화해서 대응한 경험, 깊이 있는 계획을 수립한 경험을 도전/열정/성공 경험으로 기술한다면, 충분히 매력적인 전개가 될 수 있습니다. 이 설명을 통해 디테일하고 계획을 중시하는 인재임을 어필할 수 있습니다. 또한, 유사한 전개로 구체적으로 계획을 수립하는 것 자체를 재정의로 삼을 수도 있습니다. 여러분의 경험과 직무를 모두 고려해서 고민해 보기 바랍니다.

대표예시	• 과정을 최대한 쪼개서 보는 것 • 카테고리를 세분화하는 것 • 밀도 있는 계획을 수립하는 것

유형 3	자기 확신 유형

도전/열정/성공 경험을 결과와 관련된 심리를 기반으로 기술하는 것도 가능합니다. 가장 대표적인 키워드가 '자기 확신'입니다. 목표에 반드시 도달할 것이라는 긍정적 확신을 자기 확신의 대표 유형으로 볼 수 있습니다. 최종 결과가 나에게 줄 이익에 대해서 지속해서 생각하며 어려움을 이겨내는 것도 기업이 선호하는 자기 확신 유형입니다. 그동안 심리적인 확신을 바탕으로 결과를 잘 만들어 왔다면 이러한 전개도 충분히 고민해 볼 필요가 있습니다.

대표예시	• 결과에 대한 긍정적 확신을 가지는 것 • 최종 결과가 나에게 줄 Benefit에 대한 확신을 가지는 것

유형 4	하나 더 유형

실제 업무 현장에서 만날 수 있는 '진짜' 열정적인 직원은 '하나 더, 조금 더' 정신을 내재화한 경우가 많습니다. 이 유형의 인재들은 만약 100개를 완성하는 과제가 주어진다면 최대한 효율을 발휘해서 120개를 완성하기 위해 노력한다는 특징이 있습니다. 또한, 70% 정도 수정하는 것이 목표라면 90% 수정을 실제 목표로 삼고 계획을 수립하는 경우도 많습니다. 기업은 주어진 목표를 스스로 높게 재설정하고 이를 초과해서 달성하는 것을 핵심 인재의 필수조건으로 봅니다. 또한, 대부분 직무에서 성과를 만들기 위해 요구하는 자세이기도 하죠.

대표예시	• 플러스알파의 원칙을 중시하는 것 • 120%의 목표 수립 원칙을 중시하는 것

유형 5	검증 유형

훌륭한 결과를 만들기 위해서는 나의 생각이나 1차 결과물을 많은 사람과 프로그램, Tool, 이론을 통해 깊이 있게 검증해야 합니다. 검증과 관련한 부분을 도전/열정/성공 경험의 방향으로 잡고 Source를 작성하면 기업이 선호하는 인재로 어필할 수 있습니다. 기업이 속도, 트렌드, 글로벌을 강조하더라도 기본적으로는 결과

의 높은 완성도를 가장 중시합니다. 따라서 결과의 높은 완성도를 위한 조건으로 이러한 검증을 통해 결과의 완성도를 높이는 것처럼 검증과 관련한 재정의 및 경험을 어필해 보는 것은 어떨까요?

대표예시	• 입체적인 검증을 통해 최적의 방법을 도출하는 것 • 반복 검증을 통해 결과값을 고도화하는 것

나의 경험과 언어로 써 보는 도전/열정/성공 경험 Source(800~1,000자)

1문단 재정의 (100~ 200자)	**STEP 1 도전/열정/성공에 대한 재정의 제시**(1문장, 40~70자) 성공은 가용 가능한 자원을 총 투입하는 과정을 통해 완성된다고 생각합니다. (도전 정신의 핵심에는 자원이 있다고 생각합니다./가용 가능한 자원을 최대한 투입하는 방식으로 열정을 발휘합니다.) **STEP 2 그렇게 재정의한 이유 설명**(1~2문장, 100~150자) 보유 자원에 대한 판단을 정확히 했을 때 높은 목표를 달성하기 위한 합리적 계획을 수립할 수 있기 때문입니다. 이러한 계획을 기반으로 가능한 한 많은 자원을 투입했을 때 성공 확률이 높아진다고 생각합니다. **STEP 3 2문단에 작성할 경험 간단 소개**(1문장, 20~50자) 학생회 부회장으로서 신입생을 초과 모집했던 경험은 지금까지의 경험 중 가장 자원에 집중해서 성과를 낸 경험입니다.
2문단 경험 설명 (400~ 700자)	**STEP 1 경험의 이유, 역할, 문제 상황(목표, 갈등 등) 제시** (2~3문장, 100~150자) 많은 학우와 네트워크를 쌓기에 적절하다고 판단해서 시작한 학생회에서 부회장으로서 홍보/교육의 역할을 맡았습니다. 그러던 중 정규 신입 회원 모집 과정에서 마감일까지 목표인원 8명의 절반도 모집하지 못하는 어려운 상황을 경험한 적이 있었습니다.

STEP 2 재정의를 적용한 경험 자세히 설명(4~8문장, 350~500자)

홍보/교육 담당자로서 면접을 통해 적절한 인원을 선발하기 위해서는 최소 10명 이상의 추가 신청자가 필요하다고 판단했습니다. 그래서 전체 회의를 진행하며 학생회가 도움을 청할 수 있는 사람이 누구인지부터 검토할 것을 제안하였습니다. 논의 과정을 통해 직전 기수 선배들뿐만 아니라 최근 신입생 행사를 주관하셨던 교수님의 의견을 개별적으로 청취할 수 있었습니다. 그 결과 학교 게시판 및 오프라인의 전통 방식이 아닌 SNS 별도 채널 오픈이 필요하다는 것을 알게 되었습니다. 이를 위해 50만 원의 홍보비를 긴급 투입하는 것이 합리적이라는 데 모든 구성원이 공감하였습니다. 이뿐만 아니라 저를 포함한 4명의 간부는 매일 5시간씩 별도의 시간을 투입하면서 신입생이 선호할 수 있는 SNS 페이지를 제작하였습니다. 이렇게 가용 가능한 인적, 물적, 시간자원을 최대한 동원하고자 노력하였습니다.

STEP 3 경험의 최종 결과(1문장, 20~50자)

최종적으로 목표인원의 3배에 가까운 신입생 26명이 신청하여 면접까지 원활히 마칠 수 있었습니다.

STEP 1 직무 수행 또는 회사생활에서 경험할 상황 가정
　　　　　(1~2문장, 50~100자)

○○ 직무를 수행하면서도 예상하지 못한 어려움은 불가피하다고 생각합니다.

STEP 2 재정의를 통한 극복 의지 설명(1~2문장, 50~100자)

그런 상황에서도 실무자인 저와 소속 부서가 무엇을 가지고 있는지부터 파악하겠습니다. 그리고 그것을 어떻게 최대한 투입하는 것이 합리적인지에 대한 자원활용계획을 정확하게 수립하는 사원이 되겠습니다.

2문단
경험 설명
(400~
700자)

3문단
직무 접점
(100~
200자)

4. 창의/혁신/아이디어 도출 경험 구성하기

'혁신'은 기업이 지속 성장을 위한 조건을 언급할 때 빠지지 않고 등장하는 키워드입니다. 이렇게 기업에 중요한 의미를 가지는 혁신은 구성원의 창의를 통해 완성되고, 창의는 아이디어를 통해 구체화됩니다. 결국 기업은 향후 지속 성장에 중요한 역할을 할 수 있는 인재인지를 판단하기 위해 창의/혁신/아이디어 도출 경험을 물어보는 것입니다. 하지만 작성하기에 굉장히 까다로운 유형의 경험입니다. 평범한 지원자들은 기본적으로 혁신이나 창의 관련 경험을 찾는 것부터 어려워하기 때문입니다. 따라서 우리는 어떤 스토리 라인의 경험을 작성해야 창의/혁신/아이디어 도출 경험에 부합할지 고민해야 합니다.

창의/혁신/아이디어 도출 경험 재정의 및 Source 작성 전 점검 포인트

Point 1 재정의가 창의/혁신/아이디어 도출의 시작이어야 합니다.

기업은 어떤 스토리 라인을 기술한 지원자에게 높은 점수를 부여할까요? 그 해답을 '시작'이라는 키워드에서 찾을 수 있습니다. 기업에 '이 지원자는 ~한 방식으로 창의/혁신/아이디어 도출을 시작하는구나.'만 정확히 전달하면 여러분은 높은 점수를 받을 수 있습니다. 우리가 최종 합격을 한다고 하더라도 아직은 배울 것이 많은 신입사원입니다. 따라서 기업이 신입사원에게 요구하는 것은 혁신의 완성 및 실현보다는 혁신의 시작을 제시하는 것임을 기억해야 합니다. 이러한 '시작'이라는 키워드에 대한 이해가 있어야 '창의/혁신/아이디어 도출' 유형의 재정의 및 경험 설정에 조금 더 수월하게 접근할 수 있습니다.

그리고 이제는 너무나 뻔한 당부이지만 '저는 혁신하는 인재입니다.', '창의를 발휘한 경험이 있습니다.', '기존의 관점에서 벗어나서 접근합니다.' 정도로 마무리하는 재정의 없는 글은 절대 작성하면 안 됩니다. 기존의 관점을 벗어나야 한다면 도대체 어떻게 시작해야, 어떤 것에 주목해야 기존의 관점을 벗어나게 되는지 정도는 재정의할 수 있어야겠죠? 늘 기업 입장에서 생각하고 작성해야 합니다.

Point 2 인문계는 고객 접점이나 동아리 경험부터, 이공계는 조별 과제 경험부터 주목해 봅시다.

여러분의 경험을 돌아봤을 때 창의/혁신/아이디어 도출의 시작을 설명하기에 매우 적절하다고 판단한 소재가 있을 수 있습니다. 그런 경우 확신을 가지고 해당 소재로 재정의를 설명하고 Source를 작성하는 것도 가능합니다. 다만 수천 개의 자기소개서를 검토하고 가이드했던 경험을 바탕으로 인문계는 고객 접점 경험 또는 동아리 경험, 이공계는 조별 과제 경험을 정리하는 것을 추천합니다. 먼저 인문계는 아르바이트 등의 고객 접점 경험이나 동아리에서의 구성원 동기 부여 경험 등을 통해 '~한 방식으로 창의, 혁신, 아이디어 도출에 접근했더니 반응 혹은 결과가 좋았습니다.'로 전개하는 것이 공감을 얻기 쉽습니다. 반면에 이공계 전공은 조별 과제 및 프로젝트 경험을 통해서 '초기 기획 단계/의견 모으는 단계에서 ~한 방식으로 솔루션을 제안해서 결과/방향 설정/진행효율에 도움을 줄 수 있었습니다.'로 전개하는 것이 이상적입니다. '~한 방식'에 넣을 재정의는 아래 재정의 유형을 활용하는 것을 추천합니다.

높은 점수를 얻을 수 있는 창의/혁신/아이디어 도출 경험 유형 파악하기

유형 1	반복(Routine) 주목 유형

대부분 직무는 주로 수행하는 업무가 반복된다는 특징이 있습니다. 그러한 반복이 효율을 가져오기도 하지만 다양한 개선안을 도출하겠다는 의지를 무뎌지게 만들기도 합니다. 그래서 오랜 시간 반복된 부분에 대해서 의문을 가지거나, 반복되는 것 중에서 반복의 효율이 떨어지는 것들을 선별해서 혁신을 시작할 수 있습니다. 그동안의 경험 중 사소한 것이라도 반복된 요소가 없었는지, 그리고 그것을 개선하려고 하지 않았는지 되돌아보길 바랍니다. 좋은 어필 포인트가 될 수 있습니다.

대표예시	• 반복에 익숙해지지 않는 것 • Routine의 우선순위를 검토하는 것

유형 2	부정 주목 유형

혁신 및 창의는 혁신과 창의의 결과물을 통해 상대방이 변화했음을 느끼게 해야 한다는 중요한 과제가 있습니다. 그런데 현재 긍정적으로 진행되는 부분에 한하여 아이디어를 도출하면 아이디어의 가치에 비해 상대방이 변화를 느끼기 어려운 경우가 많습니다. 상대방의 반응을 고려한다면 오히려 잘 안 되고 있는 것, 부정적인 것에 주목했을 때 혁신과 창의를 통해 변화했다는 반응을 쉽게 얻을 수 있습니다.

대표예시	• 부정적 지표에 주목하는 것 • 잘 되지 않는 것에 주목하는 것 • 부정적 피드백 기반으로 아이디어 도출하는 것

유형 3	체감 주목 유형

아무리 좋은 아이디어나 혁신안도 상대방이 체감했을 때 가치 있다는 것을 직접 재정의로 전달할 수 있습니다. 보통 체감은 '현장을 고려했을 때, 일상에 영향을 미쳤을 때, 사용자 경험이 개선되었을 때' 할 수 있음에 주목해 봅시다.

대표예시	• 현장 한복판의 피드백에 주목하는 것 • 일상(라이프스타일)에 주목하는 것 • 이용자의 체감에 민감하게 전략을 도출하는 것 • 사소한 변화에 먼저 주목하는 것

유형 4	가정·시뮬레이션 유형

실무에서 훌륭한 아이디어나 혁신안이 우연한 계기로 도출되는 경우는 거의 없습니다. 현실적으로는 여러 선택지를 놓고 많은 시뮬레이션을 거치면서 최적의 아이디어가 도출되는 경우가 훨씬 많죠. 그리고 그 과정에서 새로운 요소를 발견하여 다른 요소와 결합하는 경우도 많습니다. 이 유형은 대부분 직무와의 접점 설명이 용이한 만큼 관련 경험이 없는지 한 번 더 고민해 보도록 합시다.

대표예시	• 다양한 가정을 통해 Develop 하는 것 • 시뮬레이션을 기반으로 최적화하는 것

유형 5	학습 유형

혁신과 창의를 그동안 누적한 경험과 감만으로 접근하면 아이디어의 근거가 매우 빈약할 수 있습니다. 그리고 빈약한 근거는 혁신, 창의의 현실화에 큰 장애물이 되는 경우가 많습니다. 따라서 혁신, 창의와 관련된 성공 사례는 대부분 탄탄한 이론적 배경과 능동적 학습 속에서 완성됩니다. 이론적 기본기를 강조해야 할 이공계 직무는 고민해 볼 만한 유형입니다.

대표예시	• 이론적 배경에 대해 능동적으로 학습하는 것 • 많은 사례에 대해 내재화하는 것

유형 6	결합 유형

무한한 결합도 차별화된 아이디어를 도출하기 위한 좋은 방법일 수 있습니다. 인문계 직무는 기술 기반의 아이디어가 중시되는 이공계 직무보다 좀 더 포괄적인 아이디어를 요구하는 경우가 많습니다. 그러므로 다양한 이슈나 산업, 트렌드 등을 나의 직무와 무한히 결합하면서 그중 적절한 아이디어를 선택하는 것이 좋은 접근 방법일 수 있습니다. 예를 들어, 영업 혁신안을 도출하기 위해서 영업을 IT와 관련한 100여 가지 이슈와 하나씩 결합하면서 가장 좋은 아이디어를 찾을 수 있는 것이죠. 많은 지원자가 가지고 있는 지극히 평범한 경험에서도 도출하기 쉬운 재정의 유형입니다.

대표예시	• 수많은 단순 결합 과정을 통해 도출하는 것 • 이질적인 이슈나 산업 등과의 결합을 시도하는 것

유형 7	기록 유형

창의, 혁신은 꾸준함 속에서 도출되기도 합니다. 실무에서 꾸준함을 상징하는 대표적 키워드가 '메모'와 '기록'입니다. 중요사항 및 특이사항을 꾸준하게 기록하는 사람, 그동안 기록한 메모에서 답을 찾는 사람이 상황에 맞는 아이디어를 빠르게 제안하는 데 절대적으로 유리하다는 점에 대해 고려해 봅시다.

대표예시	• 꾸준히 기록하는 습관을 가지는 것 • 그동안 기록한 메모에서 답을 찾는 것

나의 경험과 언어로 써 보는 창의/혁신/아이디어 도출 경험 Source(800~1,000자)

1문단
재정의
(100~
200자)

STEP 1 창의/혁신/아이디어 도출에 대한 재정의 제시(1문장, 40~70자)
창의는 반복에 대한 의문을 가지는 것에서부터 시작한다고 생각합니다.
(혁신은 반복되고 있는 것들의 우선순위를 구분하는 것에서부터 시작한
다고 생각합니다./아이디어는 반복되고 있는 것을 바꾸고자 할 때 도출
된다고 생각합니다.)

STEP 2 그렇게 재정의한 이유 설명(1~2문장, 100~150자)
반복되는 것에 주목했을 때 이해관계자가 체감할 수 있는 '공감 가능한
창의적 아이디어'가 도출될 수 있기 때문입니다. 따라서 상대방이 변화
를 느낄 수 있도록 하기 위해서는 오랜 기간 반복되고 있는 부분부터 우
선순위로 검토하는 것이 적절하다고 생각합니다.

STEP 3 2문단에 작성할 경험 간단 소개(1문장, 20~50자)
○○ 동아리를 운영하면서 지속해서 반복되고 있는 부분에 주목하여 창
의적인 아이디어를 도출한 경험이 있습니다.

2문단
경험 설명
(400~
700자)

STEP 1 경험의 이유, 역할, 문제 상황(목표, 갈등 등) 제시
          (2~3문장, 100~150자)
평소 관심 있었던 ○○ 취미를 전문성 있게 접근하고 더 많은 인적 네트
워크를 쌓고자 ○○ 동아리에 가입하였습니다. 3학년 때는 총무팀장으
로서 내부예산관리 및 행사관리까지 맡게 되었습니다. 그중 홈커밍데이
를 준비하면서 창의적 아이디어를 도출한 경험이 있습니다.

STEP 2 재정의를 적용한 경험 자세히 설명(4~8문장, 350~500자)
홈커밍데이를 실수 없이 준비하기 위해 그동안 진행된 내역부터 자세히
확인하였습니다. 특히 행사의 주인공이라고 할 수 있는 선배님들의 초청
기준을 중점에 두고 검토하였습니다. 그 결과, 무려 7년간 다섯 기수 위
인 선배님까지만 참석하는 형태로 진행되어 온 것을 알 수 있었습니다.
다소 의아한 마음으로 왜 이렇게 진행되었는지에 대해 여러 경로로 확
인하였으나 정확한 이유를 아는 사람은 없었습니다. 앞선 담당자들이 계
속 그렇게 해서 어쩔 수 없었다는 것이 공통된 반응이었습니다. 저는 더
많은 선배님이 참석하는 것이 행사 목적에 부합한다고 판단하여 1기 선

| **2문단**
경험 설명
(400~
700자) | 배님부터 모든 선배님들께 참석을 요청드렸습니다. 하지만 오랜만의 연락에 다소 어색해하시는 선배님들도 많았습니다. 이를 해결하기 위해 후배들과 함께 찍은 30초짜리 뮤지컬 형식의 초청 영상을 보내 드리는 아이디어로 어색함을 덜어드리고자 하였습니다.

STEP 3 경험의 최종 결과(1문장, 20~50자)
그 결과 선배님들의 참석이 전년도 13명에서 38명으로 3배 가까이 늘었고 전체적인 행사 만족도도 20% 이상 증가하였습니다. |
| **3문단**
직무 접점
(100~
200자) | **STEP 1 직무 수행 또는 회사생활에서 경험할 상황 가정**
        (1~2문장, 50~100자)
영업 업무의 80% 이상은 반복적인 성격을 가지고 있습니다. 따라서 이러한 반복성 업무를 어떤 태도로 임하는가가 성과달성에서 중요한 부분을 차지한다고 생각합니다.

STEP 2 재정의를 통한 극복 의지 설명(1~2문장, 50~100자)
추후 반복성 업무 중에서도 타깃 분석 과정에 좀 더 집중해서 개선할 여지가 없는지 지속해서 관심 가지도록 하겠습니다. |

5. 글로벌 경험 구성하기

글로벌은 대한민국 주요 기업이 지향하는 핵심 키워드 중 하나입니다. 사업 규모 확장을 위해서는 글로벌 시장 개척이 필수적이기 때문입니다. 그래서 기업은 자기소개서 문항을 통해 지원자가 글로벌에 대해 어떻게 생각하는지를 자세히 점검합니다. 그런데 대부분 직무는 해외에서 근무하지 않고, 해외 사업을 기획하는 경우도 흔치 않은데 이렇게까지 글로벌 역량을 중시하는 이유가 무엇일까요? 그 이유를 '잠재력 평가'와 '국내 문제해결 역량 평가' 두 가지로 보는 것이 가장 합리적입니다. 우선 기업은 이 문항을 통해 지원자가 추후에 글로벌을 배경으로 직무 역량을 확장할 수 있는지에 대한 잠재력을 점검합니다. 또한, 국내의 많은 문제를 해결하고 목표를 달성하기 위해 더 많은 글로벌 사례, 문헌, 이슈를 입체적으로 볼 수 있는지를 점검하려는 목적도 있습니다. 따라서 글로벌 역량의 재정의 및 경험을 두 가지 출제 목적 중 하나에는 부합하게 작성하는 것이 평가에 유리합니다.

글로벌 경험 재정의 및 Source 작성 전 점검 포인트

Point 1 '글로벌 역량'이란 단어를 직접 사용하지 맙시다.

다른 유형의 경험에 비해 글로벌 경험을 작성할 때 직접적으로 '글로벌 인재입니다.', '글로벌 역량이 있습니다.', '글로벌 관점을 가지고 있습니다.'라고 작성하는 경우가 많습니다. 하지만 이렇게 자기소개서를 작성하면 기업에 '지원자인 제가 글로벌 역량을 어떻게 생각하는지 글을 정독한 후 답을 유추해 주세요.'라는 부탁을 하는 것과 같습니다. 이렇게 해서는 결코 좋은 평가를 받을 수 없겠죠. 글로벌 역량이라는 단어는 모호하므로 반드시 구체화가 필요합니다. 그리고 그 구체화는 글로벌 인재라면 무엇을 가장 잘해야 할지에 대한 답을 찾는 것에서부터 시작하는 것이 좋습니다. 아래 재정의 예시를 이해한다면 답을 찾는 것이 그렇게 어렵지 않을 것입니다.

Point 2 반드시 해외 경험 혹은 외국인과의 경험을 작성해야 하는 것은 아닙니다.

해외 경험 그 자체의 유무나, 에피소드 전개 시의 외국인 등장에 대한 부담감을 내려 놓았으면 합니다. 앞서 살펴봤듯이 기업이 자기소개서에 글로벌 경험을 출제하는 이유는 향후 글로벌 진출 잠재력이 있는지와 국내 문제를 글로벌 관점에서 해결할 수 있는지를 평가하기 위해서입니다. 따라서 해외 경험이 없거나 외국인과의 깊이 있는 교류 경험이 없는 경우에는 국내 문제를 글로벌 관점(사례, 문헌, 이슈 등)에서 해결할 수 있는지에 대한 답을 전달하는 것이 좋습니다. 인턴 과제, 조별 과제, 프로젝트, 공모전 등에서 새로운 아이디어를 내거나 개선안을 찾기 위해 남들보다 더 다양한 글로벌 사례, 문헌, 이슈 등에 주목한 적이 없는지 생각해 봅시다. 직접적인 해외 경험보다 오히려 더 매력적인 전개가 될 수 있습니다.

높은 점수를 얻을 수 있는 글로벌 경험 유형 파악하기

유형 1	언어 구사 유형

글로벌 역량의 시작이 외국어 구사 능력에 있는 것은 사실입니다. 외국어 구사가 가능해야 제대로 된 글로벌 커뮤니케이션이 가능하기 때문이죠. 언어 구사 유형은 의미 있는 해외 체류 경험이 있거나, 언어 능력에 강점이 있는 경우 사용할 수 있는 재정의 유형입니다. 단, 언어 구사 능력에 의심이 없는 경우에만 조심스럽게 사용해야겠죠? 무리해서 작성하면 면접에서 금세 실력이 들통날 수 있습니다. 이런 부분을 고려해서 재정의로 선택했다면 그 어떤 재정의보다 기업에 쉽고 명확하게 어필할 수 있다는 장점이 있습니다.

대표예시	• 언어와 문장의 맥락에 대한 이해를 할 수 있는 것 • 압도적인 언어 구사 역량을 가지는 것

유형 2	문화 공감 유형

이 유형은 일반적으로 쉽게 작성할 수 있는 유형입니다. 상대방, 즉 외국인의 문화를 공감하는 것이 글로벌 역량의 시작이라는 전개는 대부분 직무에 효과적인 전개입니다. 단, 이 유형을 선택하였다면 '~한 방식으로 상대방의 문화에 대하여 공감합니다.'와 같이 구체적으로 재정의로 설명하는 것이 중요합니다. 외국인과의 교류가 많았다면 이 방식의 전개에 대해 깊이 있게 고민해 보도록 합시다.

대표예시	• 공통의 관심사를 기반으로 이문화를 이해하는 것 • 상대방이 반복해서 강조하는 것을 바탕으로 문화를 이해하는 것 • 대중문화 이슈를 기반으로 상대방의 문화를 이해하는 것

유형 3	솔루션 도출 유형

이 유형은 해외 경험 및 외국인과의 교류가 많지 않은 지원자가 고민해 볼 수 있는 유형입니다. 특히, 이공계 직무 지원자는 더욱 적극적으로 활용할 수 있는 유형이기도 합니다. 생산, 품질, 연구개발 등 주요 이공계 직무는 글로벌 거점에서 업무를 수행할 확률이 매우 낮은 편입니다. 그런데도 자기소개서에서 이공계 직무 지원자의 글로벌 역량을 확인하는 이유는 실무에서 글로벌 관점으로 솔루션을 도출할 수 있는 인재를 요구하기 때문입니다. 지금부터 가장 인상 깊었던 과제, 프로젝트, 인턴, 공모전 등을 떠올려봅시다. 그 과정에서 높은 목표를 달성하거나 생각대로 되지 않는 상황을 극복하기 위해 어떤 노력을 했는지 되돌아봅시다. 혹시 분석, 조사, 기획 등의 단계에서 남들보다 더 많은 글로벌 자료를 조사하여 가장 합리적인 솔루션을 도출하고자 노력한 경험은 없었는지에 대해서 생각해 봅시다. 만약 이런 방식으로 설명 가능하다면 글로벌 역량을 가장 이상적으로 어필할 수 있습니다.

대표예시	• 글로벌 관점에서 다양한 사례를 검토할 수 있는 것 • 더 많은 범주의 자료에 주목할 수 있는 것

유형 4	균형 관점 유형

글로벌 역량은 유사한 성격의 역량 2가지가 동시에 요구되는 경우도 있어 균형 관점 유형도 중요합니다. 예를 들어, 원활한 글로벌 커뮤니케이션을 위해 철저한 사전 학습이 필요하지만 그만큼 실제로 많이 부딪혀 보는 것도 중요할 수 있습니다. 또한, 다른 문화를 이해하기 위해서는 공통점과 차이점을 균형 있게 보는 것이 중요할 수도 있습니다. 언어 구사 능력으로 보자면 독해 능력과 말하기 능력이 비슷한 가치로 중요할 수 있겠죠. 여러분이 강조하려는 글로벌 역량을 이렇게 두 가지 키워드로 균형 있게 설명할 수 없는지 검토한다면 최적의 재정의를 도출할 수 있습니다.

대표예시	• 다름과 같음의 균형을 맞춰 대응하는 것 • 사전 학습과 현장의 균형을 맞춰 접근하는 것 • 말하기 역량과 쓰기 역량의 균형을 갖추는 것

유형 5	네트워크 유형

이 유형은 글로벌 인적 네트워크를 어필하는 유형입니다. 글로벌 역량에 강점이 있는 사람은 현재 유지하고 있는 인적 네트워크를 증명할 수 있다는 특징이 있습니다. 해외 경험이나 외국인과의 교류가 많았다면 현재까지 그 관계를 유지하면서 지속해서 커뮤니케이션하고 있다는 것을 어필하는 것도 좋습니다. 기업의 글로벌 커뮤니케이션 목적도 결국은 촘촘한 인적 네트워크 형성에 있기 때문입니다.

대표예시	• 글로벌 인적 네트워크를 적극적으로 활용할 수 있는 것 • 다양한 글로벌 네트워크 형성을 통한 문제해결 역량을 갖추는 것

나의 경험과 언어로 써 보는 글로벌 경험 Source(800~1,000자)

<table>
<tr>
<td rowspan="3">

1문단

재정의
(100~
200자)

</td>
<td>

STEP 1 글로벌 역량에 대한 재정의 제시(1문장, 40~70자)
글로벌 관점의 사례 등에서 솔루션을 도출할 수 있는 역량이 글로벌 역량의 핵심이라고 생각합니다.

</td>
</tr>
<tr>
<td>

STEP 2 그렇게 재정의한 이유 설명(1~2문장, 100~150자)
기존의 방식으로 해결할 수 없는 문제의 답을 찾기 위해서는 보다 폭넓은 접근이 중요합니다. 저는 글로벌 문헌, 사례, 저널 등과 같은 지식 기반의 관점에서 솔루션을 찾고자 하는 것이 폭넓은 접근의 시작이라고 생각합니다.

</td>
</tr>
<tr>
<td>

STEP 3 2문단에 작성할 경험 간단 소개(1문장, 20~50자)
○○ 수업에서 발표를 준비하면서 글로벌 관점에서 솔루션을 도출한 경험이 있습니다.

</td>
</tr>
<tr>
<td rowspan="2">

2문단

경험 설명
(400~
700자)

</td>
<td>

STEP 1 경험의 이유, 역할, 문제 상황(목표, 갈등 등) 제시
　　　　 (2~3문장, 100~150자)
○○ 수업의 기말과제는 반도체 기업의 혁신사례에 대해 조사하여 발표하는 것이었습니다. 과제 완성에서 가장 큰 문제는 반도체 기업을 어느 범위까지 조사하는 것이 적절한가에 대한 부분이었습니다.

</td>
</tr>
<tr>
<td>

STEP 2 재정의를 적용한 경험 자세히 설명(4~8문장, 350~500자)
동기들은 국내 주요 대기업 2곳과 핵심 부품사 3곳 정도로 한정 지어 준비한다는 것을 확인할 수 있었습니다. 하지만 기술과 운용의 혁신은 기업의 글로벌 순위와 관계없이 발생할 수 있다고 생각했습니다. 그래서 다양한 글로벌 반도체 기업들의 사례를 확인한 후 그중 가장 주목할 만한 혁신사례를 선택하는 것이 적절하다고 판단했습니다. 먼저 해외 저널 및 언론에서 주목한 반도체 혁신 기업을 리스트로 구성하였습니다. 그중 스위스 반도체 기업 ○○ 사의 기술 라이선스 공유와 관련한 혁신사례에 주목하게 되었습니다. 구체적으로 ○○ 사가 왜 라이선스 공유를 특수한 방식으로 진행하였는지와 그것이 최적화에 어떤 영향을 미쳤는지를 중점으로 과제를 완성하였습니다. 이는 다른 동기들의 접근과는 차별화된 기업과 이슈였습니다.

</td>
</tr>
</table>

2문단 경험 설명 (400~ 700자)	**STEP 3 경험의 최종 결과**(1문장, 20~50자) 그 결과 A+ 성적을 받음과 더불어 다음 학기에 후배들에게 최고의 발표로 소개되는 영광도 얻을 수 있었습니다.
3문단 직무 접점 (100~ 200자)	**STEP 1 직무 수행 또는 회사생활에서 경험할 상황 가정** (1~2문장, 50~100자) 공정 업무는 비효율을 찾아내는 것이 업무의 시작이자 본질이라고 생각합니다. **STEP 2 재정의를 통한 극복 의지 설명**(1~2문장, 50~100자) 이러한 비효율에 접근할 때도 과거의 내부 자료와 경쟁사 분석에 한정지어 고민하지 않겠습니다. 더 많은 글로벌 사례를 내재화하여 차별화된 개선안을 제시할 수 있는 공정 담당자가 되겠습니다.

6. 갈등 해결 경험 구성하기

실제로 업무를 수행하다 보면 참으로 많은 갈등 상황에 놓이게 됩니다. 의견 차이로 인해 감정의 골이 깊어질 수도 있고, 성격의 차이를 끝내 극복하지 못한 채 갈등이 심해지는 때도 있습니다. 기업이 자기소개서에서 갈등 해결 경험을 물어보는 이유가 바로 여기에 있습니다. 기업 입장에서는 업무 수행 중 갈등 상황이 빈번하게 발생하기 때문에 이를 해결할 수 있는 노하우가 분명한 인재를 선호할 수밖에 없는 것입니다. 많은 기업이 핵심 인재임을 판단할 때 지식과 경험의 강점뿐만 아니라 갈등관리 역량도 판단 기준으로 삼고 있음에 주목할 필요가 있습니다. 정확한 갈등 해결 노하우를 기업에 전달하여 핵심 인재로 성장할 가능성이 높은 사람으로 어필할 수 있도록 구성해 봅시다.

갈등 해결 경험 재정의 및 Source 작성 전 점검 포인트

Point 1 나만의 갈등 해결 노하우를 재정의로 제시해야 합니다.

갈등 해결 경험을 단순히 상호 노력했다는 전개로 작성하는 경우가 많습니다. '서로 한 발짝씩 물러섰습니다.', '서로 진솔하게 마음을 나누었습니다.'와 같은 전개가 대표적 예시입니다. 이런 전개는 자기소개서에 나의 주도적 역할이 거의 드러나지 않는다는 치명적인 단점이 있습니다. 따라서 자기소개서에 '제가 ~한 방식으로 접근했더니 갈등이 해결되었습니다.'를 글의 논리로 어필할 수 있도록 재정의하는 것이 중요합니다. 이렇게 작성해야만 갈등 해결 노하우를 명확하게 전달할 수 있습니다.

Point 2 업무 경험, 고객 관련 경험, 선배와의 경험은 피하는 것이 좋습니다.

갈등 해결 경험은 경험 배경보다 갈등의 대상이 누구인지가 훨씬 중요합니다. 따라서 에피소드만 적절하다면 경험 배경에 관계없이 자신 있게 작성해도 됩니다. 다만 에피소드에서 갈등 대상과 수평적 관계임을 전제로 작성하는 것이 적절합니다. 어느 정도 상호 의견이 팽팽하게 오갈 수 있는 상황이어야 갈등 해결 노하우로 주도적인 역할을 했음을 기업에 어필할 수 있습니다. 따라서 수평적 관계가 아닌 경험은 피해야 합니다. 이런 경험에서 아무리 훌륭한 갈등 해결 노하우를 발휘했다고 하더라도 갈등 발생 원인이 수직적 관계에 있는 나에게 전가될 수 있기 때문입니다. 수평적 관계에 주목해서 경험을 다시 한번 생각해 봅시다.

높은 점수를 얻을 수 있는 갈등 해결 경험 유형 파악하기

유형 1	빈도 유형

갈등 상황은 자주 만나고 이야기하는 과정을 통해 해결된다고 어필할 수 있습니다. 실무에서도 부서 간 갈등이 발생하면 평소보다 자주 회의를 하는 경향이 있습니다. 실무진들도 많이 만나야 감정적 갈등을 극복하고 합리적인 결론에 도달한다고 생각하기 때문입니다. 꼭 얼굴을 마주 보는 것만이 만나는 것은 아니겠죠. 상대방과의 갈등을 해결하기 위해 SNS, 이메일 등 여러 루트로 많은 만남을 시도했던 경험을 떠올려 봅시다. 이러한 경험을 통해 자주 만나는 것이 갈등 해결 과정에서 중요하다는 것을 배웠다고 전개하면 매력적일 수 있습니다. 오히려 한 번에 갈등이 해결될 것이라고 생각하고 접근하면 갈등이 악화될 수 있기 때문입니다.

대표예시	• 접점의 빈도를 높이는 것 • 높은 빈도로 만나고 부딪히는 것

유형 2	우선순위 유형

갈등 상황은 '감정의 갈등'과 '의견의 차이'가 복합적으로 구성된 경우가 대부분입니다. 따라서 두 가지 중 하나를 우선하는 방식으로 해결하겠다고 재정의하는 것도 설득력 있는 전개가 될 수 있습니다. 예를 들어, 감정의 갈등부터 해결하겠다고 어필한다면 그 이유를 이렇게 설정할 수 있습니다. 갈등의 대부분은 감정이 격화된 이후, 논의 자체를 제대로 진행하지 못해서 발생하는 경우가 많다고 진단할 수 있겠죠. 논의 과정에서의 의견 차이는 대화로 해결 가능한 수준의 주제인 경우가 많으므로 감정부터 해결해서 논의의 장을 일단 여는 것이 중요하다고 주장할 수 있습니다. 이러한 전개를 통해 갈등 상황의 구성을 입체적으로 이해하고 있는 인재로 어필할 수 있다는 장점이 있습니다.

대표예시	• 감정부터 해결하는 것
	• Fact에 대한 이견부터 해결하는 것

유형 3	신속 유형

이 유형은 갈등 해결의 속도에 주목하는 유형입니다. 일부 갈등 상황은 갈등을 해결하는 데 시간이 오래 걸릴수록 관계 회복이 어려울 수 있습니다. 따라서 갈등 상황이 발생하면 최대한 빠르게 해결하려고 노력한다는 전개는 에피소드만 적절하다면 갈등 해결 노하우로 활용할 수 있습니다. 해결 자체뿐만 아니라 갈등 원인 진단, 갈등 상황 공유 등에 있어서도 속도를 강조할 수 있습니다. 대부분 직무는 갈등 상황을 빠르게 해결하는 것을 직무적 역량으로 규정하고 있으므로 직무 접점을 설명하는 데도 무리가 없는 재정의 유형입니다.

대표예시	• 최대한 발생한 시점에 즉시 해결하는 것
	• 빠르게 갈등 발생 지점을 특정하는 것

유형 4	마주 보는 유형

갈등 상황은 오프라인에서 얼굴을 마주 봐야만 해결된다고 어필할 수도 있습니다. 다양한 커뮤니케이션 루트를 강조한 다른 유형들과는 사뭇 다르게 전개할 수 있는 유형입니다. 이 유형은 SNS를 포함한 다른 수단은 의사전달의 왜곡이 발생할 수 있기 때문에 부담스러워도 직접 만나는 것이 중요하다고 전개하면 됩니다. 다른 사람들과의 관계에서 어색하고 힘들었음에도 얼굴을 마주하고 대화하는 용기를 내 갈등을 해결한 적이 없는지 떠올려 봤으면 합니다.

대표예시	• Face to Face
	• 눈을 보고 이야기할 수 있는 용기

유형 5	Mindset 유형

앞서 언급한 유형들이 갈등 해결을 위한 구체적 행동을 강조하였다면, 이 유형은 상대적으로 마음가짐을 강조하는 유형입니다. 갈등 상황을 넘어서기 위해서는 행동만큼이나 사고의 변화가 함께해야 하는 경우가 많습니다. 따라서 사고의 변화를 통해 갈등 상황을 해결한 경험이 있다면 이 유형도 활용할 수 있습니다.

대표예시	• 기대치를 현실적으로 조정하는 것 • 나의 잘못부터 생각하고 진단하는 것 • 상대방의 잘못을 발생 가능한 실수로 여기는 것

TIP

학생들과 이야기를 나누다 보면 갈등을 피하는 성격이어서 특별히 갈등 상황을 겪어본 적이 없다는 학생들이 많습니다. 갈등을 심화시키는 것만큼 갈등을 회피하는 것도 부정적인 평가 지표로 활용된다는 점에 주목해야 합니다. 감정적 갈등이 아닌 사소한 의견 차이(조별 과제, 동아리 등)라도 활용해 보도록 합시다. 그 과정에서 의견 차이를 좁히는 데 본인의 역할이 무엇이었는지에 대하여 앞서 살펴본 5가지 갈등 경험 유형을 기준으로 고민해 보기를 바랍니다. 갈등 해결 역량은 기업이 매우 중시하는 역량인 만큼 관련 경험이 부족해도 가능한 한 맞춰서 답변할 수 있도록 미리 준비합시다.

TIP 강의 바로 가기 ▶

나의 경험과 언어로 써 보는 갈등 해결 경험 Source(800~1,000자)

[1문단]
재정의
(100~
200자)

STEP 1 갈등 해결에 대한 재정의 제시(1문장, 40~70자)
갈등 상황을 해결하기 위해서는 '소통의 빈도를 높이는 것'이 가장 효과
적인 방법이라고 생각합니다.

STEP 2 그렇게 재정의한 이유 설명(1~2문장, 100~150자)
많은 소통을 통해 감정적인 갈등 해소뿐만 아니라 의견 충돌이 발생한
주제에 대한 몰입도도 높일 수 있다고 생각하기 때문입니다.

STEP 3 2문단에 작성할 경험 간단 소개(1문장, 20~50자)
○○ 홍보대사 활동은 소통 빈도를 높여 구성원 간의 갈등을 해결한 대
표적인 경험입니다.

[2문단]
경험 설명
(400~
700자)

STEP 1 경험의 이유, 역할, 문제 상황(목표, 갈등 등) 제시
　　　　　(2~3문장, 100~150자)
사회공헌에 대한 평소 관심을 실제 프로젝트로 풀어보고자 ○○ 홍보대
사에 참여하게 되었습니다. 6명이 한 팀이 되어 주제를 자율적으로 정하
고 구체화하는 메인 과제 수행 과정 중 주제 선택부터 6명 의견이 모두
다른 상황이 발생하였습니다.

STEP 2 재정의를 적용한 경험 자세히 설명(4~8문장, 350~500자)
많은 논의 끝에 6명의 의견을 '기부 공헌 활동'과 '비즈니스 혁신 공헌 활
동'으로 좁힐 수 있었습니다. 하지만 최종 결정을 하는 과정에서 양측
의 갈등이 깊어졌습니다. 일부 팀원의 능력을 낮게 평가하는 발언이 나
오면서 서로 감정이 격해져 정상적인 논의가 불가능한 상태로 흘렀습
니다. 저는 프로젝트 성공을 떠나 6명의 감정적인 갈등은 빨리 해결해
야 한다고 판단했습니다. 그래서 우선 큰 이슈가 없어도 정규회의는 정
상적으로 매일 1회 진행할 것을 제안했습니다. 회의 후에는 전원 식사
에 참석하는 것으로 유도해서 얼굴을 마주 보는 시간을 늘리고자 노력
했습니다. 또한, SNS 그룹 채팅을 통해서도 다양한 과제 관련 의견을 공
유할 수 있게 유도하였습니다. 이러한 과정을 통해 상호 간 진솔하게 사
과하는 시간을 가지게 되었고, 이를 계기로 각자 정상적인 역할을 수행
할 수 있었습니다.

	STEP 3 경험의 최종 결과(1문장, 20~50자)
2문단 경험 설명 (400~ 700자)	이후 6명이 하나의 팀으로 몰입해서 진행한 '비즈니스 혁신 프로젝트'는 전체 2등 평가를 받을 수 있었습니다.
	STEP 1 직무 수행 또는 회사생활에서 경험할 상황 가정 　　　　　　(1~2문장, 50~100자) 기획 직무는 '계획의 현실화'라는 관점에서 영업 및 생산부서와의 의견 차이를 비롯해 크고 작은 갈등이 발생할 수 있다고 생각합니다.
3문단 직무 접점 (100~ 200자)	**STEP 2 재정의를 통한 극복 의지 설명**(1~2문장, 50~100자) 이를 극복하기 위해 기획 방향성에 대한 설명 빈도와 현장의 어려움에 대한 청취 빈도를 모두 높여서 기획, 영업, 생산의 갈등을 줄이도록 하 겠습니다.

7. 팀워크 경험 구성하기

기업이 팀워크 역량을 중시한다는 것은 우리 모두 알고 있는 사실입니다. 입사를 하면 명칭의 차이가 있을 뿐 모두 '팀'에 속해서 업무를 수행하게 됩니다. 따라서 기업은 지원자가 속하게 될 '팀'에서 다른 팀원들과 호흡할 준비가 되어 있는지를 점검합니다. 팀워크가 이렇게 중요한 역량임에도 이와 관련한 경험을 자기소개서에 정확하게 작성하는 지원자가 드뭅니다. 기업은 '팀워크를 어떻게 고취했는가?', '팀워크를 위해 무엇을 하였는가?' 두 가지를 핵심적으로 평가하는데, 이에 대한 답을 하는 경우가 많지 않습니다. 우리는 이 두 가지 물음에 답하는 것으로 팀워크 역량을 재정의하겠습니다.

팀워크 경험 재정의 및 Source 작성 전 점검 포인트

Point 1 결국 나의 역할에 대해 이야기해야 합니다.

팀워크 경험은 나의 역할이 분명히 드러나게 작성하는 것이 가장 중요합니다. 많은 지원자가 작성한 팀워크 경험을 보면 '모두 열심히 했습니다.', '팀원들이 모두 제 역할을 했습니다.'처럼 1/N로 기여도를 전달하는 경우가 많습니다. 이보다는 '저의 ~한 방식을 통해 팀워크를 향상할 수 있었습니다.', '제가 ~한 방식을 제안해서 팀워크를 완성할 수 있었습니다.'와 같이 주도적인 나의 역할을 자기소개서에 표현할 수 있도록 재정의와 경험을 구성해 봅시다.

Point 2 팀워크는 목표에 대한 이야기로 구성하는 것이 적절합니다.

팀워크 역량을 발휘하여 만들어 낼 결과물에 대해서 생각해 볼 필요가 있습니다. 팀워크는 기본적으로 공동의 목표를 계획대로 달성하는 데 필요한 역량입니다. 팀워크 역량을 통해 만들어야 할 결과물이 '공동의 목표 달성'인 셈이죠. 따라서 팀워크 경험을 작성할 때 '저의 ~한 방식으로 팀워크를 향상해 공동의 목표를 달성할 수 있었습니다.', '제가 ~한 방식을 제안해서 완성한 팀워크로 구성원들이 공동의 목표에 대해 더 깊이 공감하게 되었습니다.' 등과 같이 전개하는 것이 바람직합니다. 만약 목표와 관련된 내용이 재정의 혹은 경험에서 전혀 언급되지 않을 경우, 열심히 작성하여도 '팀원들끼리 팀워크를 발휘하는 것은 당연합니다.' 수준으로 어필할 수밖에 없습니다. 팀워크 경험은 목표에 대한 내용이 의미 있게 작성되었을 때 좋은 평가를 받을 수 있음을 꼭 기억합시다.

Point 3 팀워크라고 해서 무조건적인 희생이 답은 아닙니다.

팀워크 역량의 핵심을 개인의 희생이라고 직접 언급하는 경우가 종종 있습니다. 팀워크 향상을 위해 여러분이 일부 희생한 부분을 작성하는 것은 괜찮습니다. 다만 '팀워크 = 희생'으로 단정해서 작성하면 기업의 공감을 얻기 어렵습니다. 조직의 목표 달성을 위해 구성원의 희생만 요구되는 것은 절대 아니기 때문이죠. 따라서 팀워크 역량을 '무조건적인 희생'으로 보기보다는 '팀워크 고취를 위한 방향 제안'으로 규정하고 접근할 필요가 있습니다.

Point 4 다양한 개성을 가진 인물들이 등장하는 경험이 필요합니다.

팀워크 경험은 동아리, 조별 과제, 서포터즈, 학회, 학생회, 공모전 등과 같이 공동의 목표를 쉽게 도출할 수 있는 경험 배경을 선택하는 것이 좋습니다. 그중에서 등장하는 인물이 많고 인물의 개성이 다양한 에피소드를 선택하는 것을 추천합니다. 공동의 목표를 이루는 과정에서 나의 노하우로 다양한 유형의 사람을 하나로 만들었다고 어필하는 것이 필요하기 때문입니다.

높은 점수를 얻을 수 있는 팀워크 경험 유형 파악하기

유형 1	공감 유형

팀워크를 발휘하기 위해서는 설정한 목표에 대한 구성원의 공감이 굉장히 중요합니다. 이 유형은 구성원의 공감에 주목하는 재정의입니다. 예를 들어, 팀워크 향상을 위해 구성원들에게 목표를 지속해서 노출하는 것이 중요하다고 주장할 수 있습니다. 또한, 목표의 진행 상황에 대한 자세한 공유가 팀워크의 시작이라고 볼 수도 있을 것입니다. 이런 방식으로 공동의 목표에 대하여 지속해서 구성원들과 공유하고, 해당 목표를 설정한 이유에 대하여 지속해서 공감할 수 있도록 한 경험은 없었는지 생각해 봅시다.

대표예시	• 목표 진행 상황에 대하여 지속해서 공유하는 것 • 목표 설정 이유에 대하여 지속해서 공감하게끔 하는 것

유형 2	의견 가치 유형

이 유형은 구성원의 의견의 가치를 최대한 동일하게 보는 유형입니다. 팀워크가 잘 발휘되지 않는 조직은 특정한 사람의 의견만 반영된다는 특징이 있습니다. 이렇게 되면 구성원들이 적극 참여자와 소외자로 나뉘면서 하나의 목표로 쉽게 뭉치지 않게 됩니다. 따라서 구성원들의 의견의 가치를 최대한 동일하게 보려는 것은 팀워크의 전제 조건이라고 볼 수 있습니다. 경험이 부족하거나, 학년이 낮거나, 논리가 부족한 소수의 의견도 골고루 반영했던 경험에 대해 생각해 봅시다. 에피소드만 적절하게 있다면 대부분 직무에서 활용할 수 있는 유형입니다.

대표예시	• 의견의 가치를 균등하게 반영하기 위해 노력하는 것 • 소수자의 의견도 동일하게 듣고 반영하는 것

유형 3	상호보완 유형

이 유형은 구성원들끼리 서로 부족하거나 어려운 부분을 능동적으로 찾아서 메워 주는 팀워크의 가장 이상적인 모델입니다. 이 과정을 통해 'One Team'이라는 인식을 구성원 모두 내재화할 수 있습니다. 혹시 구성원의 어려움을 목격하고 능동적으로 도움을 줬던 경험이 있다면 한번 떠올려 봅시다. 이 경험과 더불어 여러분이 어려움을 겪고 있을 때 도움을 받았던 경험을 균형 있게 작성한다면 팀워크 역량을 이상적으로 어필할 수 있을 것입니다.

대표예시	• 능동적인 상호보완의 과정을 거치는 것 • 구성원의 어려움에 대해 먼저 접근하는 것

유형 4	기타 활용 가능 유형

3가지 유형 외에 팀워크 향상을 위한 '인간적 공감', '시간', '현실적'이라는 키워드에 주목할 필요가 있습니다. 상황에 따라서 'One Team'으로 성과를 내기 위해서 인간적 공감, 즉 감정적 친분이 선행해야 한다고 주장할 수 있습니다. 또한, 팀워크는 함께 많은 시간을 보내면서 완성되므로 함께할 공간을 많이 만드는 것이 중요하기도 합니다. 마지막으로 팀워크를 위해서는 현실적인 제안을 하는 것이 중요한 경우도 많습니다. 아이디어를 혼자 고민하는 과정이 아니므로 지나치게 실현 가능성이 떨어지면 팀워크에 악영향을 줄 수 있기 때문이죠.

대표예시	• 감정적 친분부터 쌓는 것 • 많은 접점이나 시간을 확보하는 것 • 실현 가능성을 충분히 고려하는 것

나의 경험과 언어로 써 보는 팀워크 경험 Source(800~1,000자)

[1문단]
재정의
(100~
200자)

STEP 1 팀워크에 대한 재정의 제시(1문장, 40~70자)
팀워크는 상호보완을 통해 완성된다고 생각합니다.

STEP 2 그렇게 재정의한 이유 설명(1~2문장, 100~150자)
서로 부족한 부분이 채워지는 과정을 통해 하나의 팀이라는 인식을 내재화할 뿐만 아니라 결과의 완성도도 높일 수 있기 때문입니다.

STEP 3 2문단에 작성할 경험 간단 소개(1문장, 20~50자)
○○ 연구 경험은 상호보완에 집중해서 성과를 낸 대표적인 경험입니다.

[2문단]
경험 설명
(400~
700자)

STEP 1 경험의 이유, 역할, 문제 상황(목표, 갈등 등) 제시
（2~3문장, 100~150자)
○○ 연구는 ○○ 학술지에 논문을 제출하는 프로젝트였습니다. 저는 합성 소재 성능을 평가하는 역할을 맡았습니다. 마감까지의 일정이 6주 정도로 촉박해서 우선은 각자 맡은 부분에 집중하여 연구를 진행하였습니다.

STEP 2 재정의를 적용한 경험 자세히 설명(4~8문장, 350~500자)
그러던 중 평가 분석을 맡은 팀원의 결괏값의 오류가 8번 반복해서 발생하였습니다. 나머지 팀원 7명 모두 진행해야 할 과업이 많아 평가 분석 파트의 오류에 집중하기는 쉽지 않았습니다. 하지만 저는 분석 파트의 오류가 계속되면 논문의 방향 자체가 바뀔 위험이 크다고 판단했습니다. 그래서 저의 업무를 잠시 멈추고 평가 분석 파트에 합류해서 오류를 함께 찾고자 하였습니다. 그 과정을 통해 분석의 기준 배치에 문제가 있음을 발견하여 담당 팀원에게 전달할 수 있었습니다. 이후에는 저의 주 업무인 성능 평가 과정에 필요한 참고자료 정리를 2명의 팀원이 먼저 도와주는 등 팀원들 간의 능동적인 상호보완이 6주간 지속해서 이루어졌습니다.

STEP 3 경험의 최종 결과(1문장, 20~50자)
그 결과 저희 연구팀이 계획한 일정대로 논문을 제출할 수 있게 되었습니다.

STEP 1 직무 수행 또는 회사생활에서 경험할 상황 가정
(1~2문장, 50~100자)

연구개발 직무를 수행하면서 혼자 모든 범주의 분석, 의뢰, 도출, 타당성 검토를 할 수는 없다고 생각합니다. 따라서 파트 배분을 통해 전문성과 효율을 동시에 높이게 될 것입니다.

STEP 2 재정의를 통한 극복 의지 설명(1~2문장, 50~100자)

이 과정에서 타 연구원이 가지는 현실적 어려움에 대해서도 지속해서 주목하여 팀 전체 성과를 달성하는 연구원이 되겠습니다.

8. 실패 극복 경험 구성하기

신입사원으로 입사해서 임원이 될 때까지 성장하면서 셀 수 없이 많은 시행착오를 겪게 됩니다. 따라서 기업은 실패한 경험이 없거나 실패를 어떻게든 하지 않으려고만 하는 인재를 선호하지 않습니다. 이보다는 실패를 잘할 줄 아는 인재가 필요하겠죠. 다만 '실패를 잘한다.'의 의미에 대해서는 정확한 해석이 필요합니다. 기업은 실패를 통해 배우기만 하는 인재보다 불가피한 실패 상황을 본인만의 방법으로 극복해 나가는 인재를 선호합니다. 그렇기 때문에 잘 실패하는 인재란 실패를 최대한 극복해 나가는 인재를 의미하는 것입니다. 따라서 자기소개서에 자주 출제되는 실패 경험도 결국 '~한 방식으로 최대한 극복하였습니다.'와 같이 극복 방법을 잘 전달하는 것이 중요합니다.

실패 극복 경험 재정의 및 Source 작성 전 점검 포인트

Point 1 두 가지 버전이 필요합니다.

실패 경험은 크게 두 가지 유형으로 자기소개서에 출제되므로 이에 부합하는 두 가지 버전의 Source를 미리 만들어야 합니다. 그중 첫 번째 유형은 과정 중의 실패를 확인하는 유형입니다. 예를 들어, '예상하지 못한 실패를 극복한 경험을 기술해 주세요.', '목표했던 바를 이루지 못한 실패 과정에 대하여 설명해 주세요.' 등의 유형입니다. 이 유형은 직접적인 업무 경험(인턴, 계약직 경험 등)을 제외하고 어떤 경험이라도 선택 가능합니다.

두 번째 유형은 인생의 실패를 확인하는 유형입니다. 예를 들어, '인생 최대의 실패를 설명해 주세요.', '인생에서 가장 힘들었던 순간을 기술해 주세요.'와 같은 문항이 우리가 흔히 접할 수 있는 사례들이죠. 이러한 문항을 조별 과제나 동아리 행사와 같은 간단한 경험으로 작성하긴 어렵겠죠? 인생의 실패 경험은 시간을 많이 투입한 경험부터 떠올리는 것이 중요합니다. 큰 실패는 6개월, 1년 8개월과 같이 긴 시간을 투입했음에도 초기에 설정한 목표를 이루지 못했다고 전개할 때 비로소 설득력이 생깁니다.

Point 2 실패를 통해 배운 점이 아닌 실패 극복 방법을 제시해야 합니다.

'~한 방식으로 접근하면 안 된다는 것을 배웠습니다.'와 같은 전개로 실패 경험을 기술하는 경우가 많습니다. 이러한 전개는 실패를 어떻게 극복하는지를 자세히 확인하고자 하는 기업의 의도에서 벗어난 전개입니다. 따라서 실패 경험은 배운 점이 아닌 극복 방법을 재정의로 어필해야 한다는 확신을 가졌으면 합니다.

Point 3 인생의 실패 경험에서 가족 또는 적응 경험은 피하도록 합시다.
실패 경험의 두 가지 유형 중 인생의 실패 경험을 Source로 작성한 사례를 보면 가족 관련 이야기가 가장 많습니다. 또한, 특정 상황에 대한 적응의 어려움을 겪었던 이야기도 많습니다. 이 두 가지는 피하도록 합시다. 가족 이야기는 어떤 에피소드를 기술하더라도 기업이 부담스러워하는 주제이며, 적응의 어려움은 입사 후 적응에 한계가 있을 것임을 암시하는 키워드이기에 피하는 것이 적절합니다. 이보다는 시간을 많이 투입한 경험을 생각해 봅시다. 그렇게 보면 직무와 연관이 있다는 전제에서는 오랜 시간을 투입한 고시 실패 경험도 선택 가능합니다. 또한, 1년 넘게 활동한 경험을 특별히 얻은 것 없이 종료하게 되었다면 기회비용 측면에서 실패했다고 주장할 수 있습니다. 그 시간 동안 다른 활동이나 학습을 했다면 지금보다 더 성장했을 것이라는 전개가 가능하기 때문입니다. 자기소개서에서 요구하는 인생의 실패 경험은 기회비용 측면에서의 실패로 푸는 것이 가장 설득력 있습니다.

높은 점수를 얻을 수 있는 실패 극복 경험 유형 파악하기

유형 1	시작점 유형

실패 상황이 발생했을 때 무조건 원점에서 다시 시작하는 것이 좋을까요? 기업은 효율을 중시하기 때문에 무조건적인 원점 회귀를 선호하지 않습니다. 오히려 어디서부터 잘못되었는지, 어디서부터 바꿔야 하는지에 대한 답을 찾는 것을 실패 극복의 중요한 방법으로 삼는 경우가 많습니다. 따라서 실패 경험을 작성할 때 시작점에 주목해 봅시다. 지금까지의 실패 경험 중 원점으로 돌아가지 않고 실패한 지점을 정확히 짚어 극복한 경험이 있다면 이 유형을 재정의로 선택하길 추천합니다.

대표예시	• 문제의 시작점에 대해 면밀히 확인하는 것 • 어디서부터 바꿔야 하는지에 대한 확신을 가지는 것

유형 2	자기 객관화(수용·반영) 유형

만약 실패 상황을 전혀 극복하지 못했다면 아마도 극복을 위한 자기 객관화에 성공하지 못했을 확률이 매우 높다고 생각합니다. 왜냐하면 실패한 현실을 냉정하게 바라보고 이를 극복하기 위한 다양한 시도를 했다면 대부분의 문제는 해결되기 때문입니다. 그만큼 자기 객관화라는 키워드는 실패 극복 과정을 설명하는 데 가장 기본이 되는 접근법입니다. 예를 들어, 이제는 더 큰 실패가 발생하면 안 되기 때문에 많은 사람에게 답을 구하는 경우도 자기 객관화의 한 유형일 수 있습니다. 또한, 자기 객관화를 위해 현재 상황을 객관적 지표로 정리해서 있는 그대로 받아들일 수도 있겠죠. 그리고 결과적으로는 그러한 냉정한 현실을 적극적으로 수용하고 반영하는 것이 중요합니다. 자기 객관화와 수용, 반영은 대부분 직무에서 폭넓게 쓸 수 있는 유형인 만큼 관련 경험이 있었는지에 대한 적극적인 검토가 필요합니다.

대표예시	• 많은 검증을 통해 극복 전략을 확정하는 것 • 현재 상태를 객관적으로 진단하는 것 • 과감하게 수용하는 자세가 필요한 것

유형 3	Mindset 유형

실패를 넘어서기 위해서는 남다른 마음가짐도 중요합니다. 마음가짐은 실패를 극복하는 과정에서의 어려움을 이겨내게 해 주는 중요한 역할을 합니다. 따라서 실패 상황을 마음가짐의 변화로 극복한 경험이 있다면 'Mindset 유형'도 재정의로 활용할 수 있습니다. 예를 들어, 누군가는 실패를 당연히 발생할 수 있는 일이라고 여길 수 있습니다. 또한, 누군가는 지금까지의 방향과 결과에 대해 자책하지 않는 것을 중시할 수 있습니다. 이러한 Mindset을 통해 극복을 위한 힘을 마련할 수 있음에 주목해 봅시다.

대표예시	• 실패를 당연히 여기는 것 • 자책하지 않는 것 • 주변을 탓하지 않는 것(나에게 집중하는 것)

유형 4	기타 활용 가능 유형

이외에도 실패 극복을 위한 '알리기', '확신'이라는 키워드에 주목할 필요가 있습니다. 사실을 숨기지 않고 많은 사람에게 알렸을 때 비로소 실패가 극복되는 경우가 많습니다. 이러한 '적극적으로 알리기'는 실제 업무 상황에서도 가장 중시되는 실패 극복 역량과 태도입니다. 많이 알린 만큼 해결 방법도 많이 도출될 수밖에 없기 때문입니다. 또한, 자신이 최종적으로 만들어 낼 결과물에 대한 확신을 가지는 것 역시 실패를 극복하는 또 다른 방법이 될 수 있습니다. 결과물에 대한 확신이 있다면 중간의 작은 실패는 아무것도 아닌 것으로 넘길 수 있기 때문입니다.

대표예시	• 실패 상황에 대해 주변에 많이 알리는 것 • 내가 만들어 낼 결과에 대한 확신을 가지는 것

TIP

실패 극복의 결과물이 어느 정도 수준이어야 하는지에 대한 현실적 고민이 있을 수 있습니다. 우선 이상적으로 보면 '처음 목표한 수준을 모두 달성하였습니다.'가 극복의 결과물로 전달되는 것이 가장 좋습니다. 하지만 경험에 따라 이렇게 어필하기 어려운 경우가 많습니다. 그런 경우에는 처음 설정한 목표치의 50% 이상을 달성하였을 경우, 실패 극복 경험으로 활용할 수 있는 것으로 판단해 보길 추천합니다. 극복의 노하우를 충분히 발휘하였음에도 처음 목표치의 절반에도 미치지 못했다면 사실상 실패했다고 평가될 여지가 매우 높기 때문입니다. 따라서 처음 설정한 목표치의 절반 이상을 안정적으로 달성하였다고 어필할 수 있게끔 실패 극복 경험을 구성할 수 있어야 합니다.

TIP 강의 바로 가기 ▶

나의 경험과 언어로 써 보는 실패 극복 경험 Source(800~1,000자)

STEP 1 실패 극복에 대한 재정의 제시(1문장, 40~70자)
실패를 극복하기 위해서는 문제 발생 시작점을 정확히 파악하는 것이 가장 중요하다고 생각합니다.

1문단
재정의
(100~
200자)

STEP 2 그렇게 재정의한 이유 설명(1~2문장, 100~150자)
그 이유는 무조건 원점부터 다시 시작할 경우 속도와 효율에 큰 문제가 발생할 수 있기 때문입니다. 따라서 문제 발생 시작점에 대한 검토가 속도와 정확성을 높이는 가장 좋은 솔루션이라고 확신합니다.

STEP 3 2문단에 작성할 경험 간단 소개 (1문장, 20~50자)
봉사 동아리 운영 과정 중 문제 발생 시작점에 주목해서 실패를 극복한 경험이 있습니다.

STEP 1 경험의 이유, 역할, 문제 상황(목표, 갈등 등) 제시
(2~3문장, 100~150자)

평소 봉사에 관심이 많았던 저는 대학 연합 봉사 동아리에서 지역 봉사 활동을 기획하는 역할을 수행하게 되었습니다. 그 과정에서 ○○ 지역 사회복지관에 제안한 기획안이 예상과 달리 모두 거절당하는 상황을 겪은 경험이 있습니다.

STEP 2 재정의를 적용한 경험 자세히 설명(4~8문장, 350~500자)

복지관에 제안한 기획안은 총 5가지였습니다. 동아리원 전원이 참석하는 미용/교육/SNS 홍보/도시락/기타 노력 봉사기획안이었습니다. 그전까지는 제안한 기획안이 대부분 수락되었는데, 제가 기획한 해에는 5가지 모두 진행이 어렵다는 연락을 받게 되었습니다. 거부 사유는 기획안 방향이 기관 정책과 맞지 않아서였습니다. 저희에게는 다른 복지관에 기획안을 전달하는 방법과 처음부터 기획안을 다시 작성하는 방법의 선택지가 있었습니다. 다만 운영 일정 등을 고려하면 기존 복지관에서 수정 진행하는 것이 가장 효율적이라고 판단하여 어디서부터가 문제였는지에 대해 동아리원 전체와 깊이 있는 분석을 진행했습니다. 여러 가지 의견 중 가장 많이 중복된 의견은 '복지관의 감액된 예산을 고려하지 못한 것'이었습니다. 이를 반영하여 예산을 빠르게 수정한 후 변경된 기획안을 다시 한번 복지관에 전달하였습니다.

STEP 3 경험의 최종 결과(1문장, 20~50자)

그 결과 5가지 기획안 중 2가지가 최종 선택되어 다음 해 ○○ 지역 사회복지관 정규 봉사 프로그램으로 운영될 수 있었습니다.

2문단
경험 설명
(400~
700자)

STEP 1 직무 수행 또는 회사생활에서 경험할 상황 가정
(1~2문장, 50~100자)

크고 작은 예측 실패는 마케팅 직무에서 수시로 발생한다고 생각합니다.

STEP 2 재정의를 통한 극복 의지 설명(1~2문장, 50~100자)

그런 상황에서도 문제 발생 시작점이 어딘지를 구조화해서 솔루션을 제시할 수 있는 마케터가 되겠습니다. 이를 통해 속도와 정확도를 모두 확보하겠습니다.

3문단
직무 접점
(100~
200자)

9. 리더십 경험 구성하기

취업을 준비하고 있는 여러분이 자신 있게 내세울 수 있는 리더십 경험은 많지 않을 것입니다. 그렇다 보니 리더십 경험을 아예 작성하지 못하는 지원자가 많습니다. 기업은 이러한 현실을 알고 있음에도 불구하고 자기소개서에서 리더십 역량을 다각도로 평가합니다. 그 이유는 사원, 대리, 부장, 임원 등 직위와 관계없이 '주도성 있는 인재'가 필요하기 때문입니다. 따라서 '리더십 경험 = 주도성을 발휘한 경험'이라고 해석하고 접근하는 것이 가장 바람직합니다. 주도성은 '목표를 반드시 달성해야 하는 상황' 혹은 '생각하지 못한 큰 위기 상황'에서 발휘된다는 것에 주목하면서 가장 주도적이었던 경험을 천천히 떠올려 봅시다.

리더십 경험 재정의 및 Source 작성 전 점검 포인트

Point 1 반드시 '리더'라는 직함이 있어야 하는 것은 아닙니다.
리더십 경험을 작성하기 어려운 이유 중 하나는 리더와 관련된 직함을 가졌던 경험이 없는 경우가 많기 때문입니다. 물론 리더 직함(회장, 조장, 파트장 등)이 있으면 리더십 발휘 상황을 조금 더 명확하게 전달할 수 있지만 팔로워나 팀원 입장에서도 주도성을 발휘하여 가이드하고 피드백한 경험이 있다면 충분히 경험 소재로 활용할 수 있습니다. 수많은 합격자가 능동적인 팔로워로서 리더십을 발휘한 경험을 작성하였다는 것에 주목해 봅시다. 직함보다는 주도성 그 자체가 중요합니다.

Point 2 리더십 경험은 '가이드'가 재정의의 핵심입니다.

리더십 경험은 '다른 구성원에게 ~한 방식으로 가이드하였습니다.'를 제대로 전달하는 것이 가장 중요합니다. 나의 가이드를 통해 구성원의 역량을 향상했을 수 있고, 의욕을 고취했을 수도 있으며, 불안감을 해소했을 수도 있습니다. '리더십 역량을 발휘했습니다.'라는 무난한 전개로 작성하기보다 '리더십은 직함과 관계없이 ~한 방식으로 구성원에게 가이드하는 것입니다.'로 어필할 수 있도록 재정의와 경험을 고민해 봅시다.

높은 점수를 얻을 수 있는 리더십 경험 유형 파악하기

유형 1	맞춤형 유형
이 유형은 리더십 역량을 구성원의 다양한 개성에 주목하여 설명하는 유형입니다. 실제로 하나의 가이드나 피드백만으로 다양한 개성을 가진 구성원들을 모두 만족시키기는 매우 어렵습니다. 따라서 구성원의 개인별 특성이나 개성에 주목해서 가이드하는 것 자체를 리더십의 시작으로 볼 수 있습니다. 또한, 역할 배분에서 개인별 특성이나 개성을 고려하는 것 역시 기업에 매력적으로 어필할 수 있는 리더십 역량입니다.	
대표예시	• 구성원의 개성에 맞춰 가이드하는 것 • Role 배분을 개인별 특성에 주목하여 진행하는 것

유형 2	구체화 유형

이 유형은 대부분 직무에서 요구되는 리더십 유형입니다. 현실적으로 다른 구성원들이 어떤 유형의 가이드에 공감하고 따르는지 생각해 봅시다. 추상적으로 설명하기보다는 구체적인 모델을 제시하는 가이드에 공감하는 경우가 많습니다. 또한, 여러 가지 선택지를 제시하여 생각의 폭을 넓히는 것도 구성원의 공감을 얻는 좋은 가이드가 될 수 있습니다. 추상적 설명에서 벗어나 구체적이거나 다양한 선택지를 기반으로 설명하는 것이 리더십 역량의 핵심이라고 설명하는 것은 어떨까요?

대표예시	• 가능한 한 구체화된 모델을 제시하는 것 • 여러 선택지를 제시하여 사고의 폭을 넓히는 것

유형 3	시간 유형

구성원에게 가장 중요한 자산 중 하나는 시간 자산입니다. 시간 자산은 개개인의 역량을 기르거나 많은 것을 경험하는 데 전제되는 필수 수단입니다. 따라서 구성원의 시간을 아껴주거나 기회비용 측면에서 이익을 주는 '시간 유형'은 중요한 리더십 역량입니다. 타인의 시간의 가치에 주목했던 경험에 대해 생각해 봅시다.

대표예시	• 구성원의 시간을 아껴주는 것 • 구성원의 기회비용에 대해 깊이 있게 고려하는 것

유형 4	책임 유형

이 유형은 실제 업무 현장에서 매우 중요하게 평가받는 리더십 유형입니다. 업무 현장에서 선호하지 않는 리더는 가이드와 피드백을 불분명하게 하는 리더입니다. 구성원이 수행해야 할 일을 두루뭉술하게 지시하는 유형이죠. 그런데 그보다 더 선호하지 않는 유형은 책임조차 지지 않는 리더입니다. 따라서 구성원이 명확하게 무엇을 해야 하는지 가이드했을 때 리더십을 발휘할 수 있는 조건이 마련됩니다. 그리고 본인이 전달한 가이드의 결과에 대해서 명확한 책임을 질 때, 비로소 리더십이 완성될 수 있습니다.

대표예시	• 분명한 가이드를 하는 것 • 피드백에 대한 명확한 책임을 지는 것

유형 5	기타 활용 가능 유형

4가지 유형 외에도 리더십 역량 발휘를 위한 '먼저'와 '듣기'라는 키워드에 주목할 필요가 있습니다. 리더십 역량은 다른 구성원들보다 먼저 행동하였을 때 발휘될 수 있다는 특징이 있습니다. 시작을 먼저 할 수도 있고 힘든 일을 먼저 할 수도 있겠죠. 이렇게 먼저 행동하는 과정을 통해 가이드에 대한 구성원의 신뢰를 얻을 수 있습니다. 리더십 역량에서 '듣기'도 굉장히 중요한 요소입니다. 다만, 단순히 듣는 것이 중요하다고 어필하기보다는 '오래 듣거나, 자주 듣거나, 다른 행동보다 듣는 것을 우선하거나'와 같은 구체적인 방법을 제시하기를 바랍니다.

대표예시	• 먼저 시작하는 것 • 먼저 행동하는 것 • 듣는 시간을 오래 가져가는 것

나의 경험과 언어로 써 보는 리더십 경험 Source(800~1,000자)

1문단 재정의 (100~ 200자)	**STEP 1 리더십에 대한 재정의 제시**(1문장, 40~70자) 리더십은 구성원 각각의 개성에 주목하는 것에서부터 시작한다고 생각합니다. **STEP 2 그렇게 재정의한 이유 설명**(1~2문장, 100~150자) 다양한 개성의 구성원들을 하나의 가이드로 이끄는 것은 현실적으로 불가능하기 때문입니다. **STEP 3 2문단에 작성할 경험 간단 소개**(1문장, 20~50자) 저는 개발 프로젝트 과제를 진행하면서 구성원의 개성에 주목하여 좋은 결과를 만들어 낸 경험이 있습니다.

STEP 1 경험의 이유, 역할, 문제 상황(목표, 갈등 등) 제시
(2~3문장, 100~150자)

졸업 필수 과제를 수행하면서 6명의 팀원을 이끄는 조장을 맡게 되었습니다. 그런데 조원들의 졸업 후 희망 진로가 다양했던 만큼 과제에 대한 개개인의 몰입도 차이가 발생하였습니다.

STEP 2 재정의를 적용한 경험 자세히 설명(4~8문장, 350~500자)

조장으로서 대학 전 과정을 마무리하는 졸업 과제는 성적을 떠나 큰 의미가 있다고 생각했습니다. 또한, 현실적으로 조원의 절반은 졸업 프로젝트 성적이 취업과도 연계되기 때문에 최대한 좋은 결과를 유도해야겠다는 생각도 하게 되었습니다. 그래서 6명의 특성에 따른 역할 배분을 진행하여 자연스럽게 참여도를 높이고자 하였습니다. 이미 창업을 진행 중이라 몰입도가 떨어졌던 조원에게는 전체적인 아웃라인을 잡는 것 위주의 과업을 부여하였습니다. 공모전 경험이 많았던 조원에게는 실제 개발 과정의 전권을 부여하여 몰입도를 높였고, 전공에 대한 이해가 다소 낮았던 조원은 추후 검증 작업 위주의 역할을 부여하였습니다. 그뿐만 아니라 회의의 절반 이상을 SNS와 이메일로 대체하여 각자의 과제 외 준비사항에도 집중할 수 있게 배려하였습니다. 이런 방식으로 상황과 구성원 개성에 맞춰 프로젝트를 진행한 결과 목표한 수준의 결과물을 원활히 도출할 수 있었습니다.

STEP 3 경험의 최종 결과(1문장, 20~50자)

그 결과 1등으로 졸업 과제를 마무리할 수 있었습니다.

[2문단]
경험 설명
(400~700자)

STEP 1 직무 수행 또는 회사생활에서 경험할 상황 가정
(1~2문장, 50~100자)

IT 기획 직무는 다양한 개성과 역량을 갖춘 팀원을 하나의 목표로 모으는 리더십이 가장 중요하다고 생각합니다.

STEP 2 재정의를 통한 극복 의지 설명(1~2문장, 50~100자)

입사 후 구성원의 기본 역량과 현재 상황을 다각도로 검토해서 맞춤형 솔루션을 제시할 수 있는 기획자가 되겠습니다.

[3문단]
직무 접점
(100~200자)

02

Source를 활용한
자기소개서 문항 작성하기

지금까지 자기소개서 문항으로 자주 출제되는 7대 경험 Source를 구성하였습니다. 7대 경험의 출제 의도를 분석하고 경험을 재정의하였지만 막상 출제된 문항이 미리 준비한 Source의 방향과 다르거나 글자 수가 많이 차이 나는 경우가 있습니다. 지금부터 이 문제를 해결하는 방법을 알아보겠습니다.

1. 질문에 제대로 된 답을 하는 것이 중요한 7대 경험

앞서 PART 1에서 질문에 답하는 방식의 자기소개서 작성법을 언급하였는데, 7대 경험에서는 '질문에 답하는 것'이 더욱 강조됩니다. 기업은 '도전 경험에 대해 기술하시오.', '창의 경험을 작성해 주세요.', '대표적인 글로벌 경험을 설명해 주세요.'와 같은 단순한 질문을 하지 않고 있습니다. 따라서 질문의 의도를 정확히 이해하고 그에 부합하는 답변을 작성하는 것이 더욱 중요합니다. 다행인 점은 자기소개서에 출제되는 주제는 7대 경험에서 크게 벗어나지 않으므로 아래 3단계 작성법을 익히면 빠르고 정확하게 자기소개서를 작성할 수 있습니다. 실제 문항을 통해 3단계 작성법 적용 방법에 대해서 알아보겠습니다. 7대 경험 Source를 모두 완성했을 때 활용할 수 있는 방법이니 반드시 Source를 작성하고 아래 예시를 참고하기를 바랍니다.

1) 자기소개서 문항에 답하는 4단계 방법

[STEP 1] 7대 경험 중 어떤 경험을 작성할지 확정하기

[STEP 2] 자기소개서 문항에 사용된 언어와 맥락에 따라 첫 문단 1~3문장 작성하기(Source 1문단 응용하여 작성)

[STEP 3] Source 2문단을 남은 글자 수에 맞춰 작성하기

[STEP 4] Source 2문단으로 분량 부족할 시 Source 3문단까지 작성하기

2) 4단계 방법 적용 예시 1(포스코그룹)

[자기소개서 문항]

가장 힘들었던 순간과 이를 극복한 과정에 관해 기술해 주십시오. (600자)

[STEP 1] 7대 경험 중 어떤 경험을 작성할지 확정하기

7대 경험 중 실패 경험 작성하는 것으로 확정

[STEP 2] 자기소개서 문항에 사용된 언어와 맥락에 따라 첫 문단 1~3문장 작성하기(Source 1문단 응용하여 작성)

실패 경험 Source 1문단을 참고하여 초반 1~3문장을 '가장 힘들었던 순간은 ~ 경험에서 ~을 수행하는 과정이었습니다. 힘들었던 이유는 ~한 부분 때문에 예상하지 못한 어려움을 겪었기 때문입니다. 하지만 ~한 방식으로 힘들었던 순간을 효율적으로 극복하였습니다.'로 작성

[STEP 3] Source 2문단을 남은 글자 수에 맞춰 작성하기

실패 경험 Source 2문단을 남은 글자 수에 맞춰 작성

[STEP 4] Source 2문단으로 부족할 시 3문단까지 작성하기

글자 수가 600자이므로 실패 경험 Source 3문단은 생략

3) 4단계 방법 적용 예시 2(CJ그룹)

[자기소개서 문항]

당사의 인재상 중 본인에게 가장 부합하는 것을 선택하고 관련 경험을 기술해 주세요. (600자)

[STEP 1] 7대 경험 중 어떤 경험을 작성할지 확정하기

7대 경험 중 글로벌 경험 작성하는 것으로 확정

[STEP 2] 자기소개서 문항에 사용된 언어와 맥락에 따라 첫 문단 1~3문장 작성하기(Source 1문단 응용하여 작성)

글로벌 경험 Source 1문단을 참고하여 초반 1~3문장을 'CJ그룹 인재상 중 가장 주목하는 키워드는 글로벌입니다. 그 이유는 글로벌 관점을 바탕으로 고객의 삶을 변화시키는 것이 지원한 ○○ 직무에서 중요하다고 생각하기 때문입니다. 저는 ~한 방식으로 글로벌 역량을 발휘하여 성과를 만든 경험이 있습니다.'로 작성

[STEP 3] Source 2문단을 남은 글자 수에 맞춰 작성하기

실패 경험 Source 2문단을 남은 글자 수에 맞춰 작성

[STEP 4] Source 2문단으로 부족할 시 3문단까지 작성하기

글자 수가 600자이므로 실패 경험 Source 3문단은 생략

4) 4단계 방법 적용 예시 3(SK그룹)

[자기소개서 문항]

새로운 것을 접목하거나 남다른 아이디어로 문제를 해결한 경험에 관해 서술해주세요. (1,000자)

[STEP 1] 7대 경험 중 어떤 경험을 작성할지 확정하기

7대 경험 중 창의/혁신/아이디어 도출 경험 작성하는 것으로 확정

[STEP 2] 자기소개서 문항에 사용된 언어와 맥락에 따라 초반 1~3문장 작성하기(Source 1문단 응용하여 작성)

창의/혁신/아이디어 도출 경험 Source 1문단을 참고하여 1문단 1~3문장을 '남다른 아이디어를 도출하기 위해서는 ~한 방식의 접근이 가장 중요하다고 생각합니다. ~한 방식을 통해 공감 가능한 혁신을 도출할 수 있기 때문입니다. ~를 수행하면서 ~한 방식으로 아이디어를 도출하여 문제를 해결한 경험이 있습니다.'로 작성

2. 글자 수를 효율적으로 조절하는 방법

글자 수 조절은 7대 경험을 작성할 때 여러분을 괴롭히는 또 다른 복병입니다. 글자 수를 늘리고 줄이는 작업이 간단하지 않기 때문에 당연히 고통스러울 수밖에 없죠. 보통 7대 경험은 700~900자 → 500~700자 → 1,000자 이상 순으로 출제됩니다. 3가지 분량에 따라 작성하는 방법을 알아야 자기소개서를 수월하게 쓸 수 있습니다. 지금까지 구성한 Source는 3가지 분량에 따라 원활하게 편집할 수 있도록 되어 있습니다. 앞서 살펴봤던 '글로벌 경험 Source' 원문을 바탕으로 3가지 분량에 따라 글자 수를 조절하는 방법을 살펴보겠습니다. 쉽게 이해하고 바로 적용할 수 있을 것입니다.

앞서 작성한 글로벌 경험 Source 원문

1문단
재정의
(100~
200자)

STEP 1 글로벌 역량에 대한 재정의 제시(1문장, 40~70자)
글로벌 관점의 사례 등 에서 솔루션을 도출할 수 있는 역량이 글로벌 역량의 핵심이라고 생각합니다.

STEP 2 그렇게 재정의한 이유 설명(1~2문장, 100~150자)
기존의 방식으로 해결할 수 없는 문제의 답을 찾기 위해서는 보다 폭넓은 접근이 중요합니다. 저는 글로벌 문헌, 사례, 저널 등과 같은 지식 기반의 관점에서 솔루션을 찾고자 하는 것이 폭넓은 접근의 시작이라고 생각합니다.

STEP 3 2문단에 작성할 경험 간단 소개(1문장, 20~50자)
○○ 수업에서 발표를 준비하면서 글로벌 관점에서 솔루션을 도출한 경험이 있습니다.

2문단
경험 설명
(400~
700자)

STEP 1 경험의 이유, 역할, 문제 상황(목표, 갈등 등) 제시
(2~3문장, 100~150자)
○○ 수업의 기말과제는 반도체 기업의 혁신사례에 대해 조사하여 발표하는 것이었습니다. 과제 완성에서 가장 큰 문제는 반도체 기업을 어느 범위까지 조사하는 것이 적절한가에 대한 부분이었습니다.

STEP 2 재정의를 적용한 경험 자세히 설명(4~8문장, 350~500자)
동기들은 국내 주요 대기업 2곳과 핵심 부품사 3곳 정도로 한정 지어 준비한다는 것을 확인할 수 있었습니다. 하지만 기술과 운용의 혁신은 기업의 글로벌 순위와 관계없이 발생할 수 있다고 생각했습니다. 그래서 다양한 글로벌 반도체 기업들의 사례를 확인한 후 그중 가장 주목할 만한 혁신사례를 선택하는 것이 적절하다고 판단했습니다. 먼저 해외 저널 및 언론에서 주목한 반도체 혁신 기업을 리스트로 구성하였습니다. 그중 스위스 반도체 기업 ○○ 사의 기술 라이선스 공유와 관련한 혁신사례에 주목하게 되었습니다. 구체적으로 ○○ 사가 왜 라이선스 공유를 특수한 방식으로 진행하였는지와 그것이 최적화에 어떤 영향을 미쳤는지를 중점으로 과제를 완성하였습니다. 이는 다른 동기들의 접근과는 차별화된 기업과 이슈였습니다.

2문단 경험 설명 (400~ 700자)	**STEP 3 경험의 최종 결과**(1문장, 20~50자) 그 결과 A+ 성적을 받음과 더불어 다음 학기에 후배들에게 최고의 발표로 소개되는 영광도 얻을 수 있었습니다.
3문단 직무 접점 (100~ 200자)	**STEP 1 직무 수행 또는 회사생활에서 경험할 상황 가정** (1~2문장, 50~100자) 공정 업무는 비효율을 찾아내는 것이 업무의 시작이자 본질이라고 생각합니다. **STEP 2 재정의를 통한 극복 의지 설명**(1~2문장, 50~100자) 이러한 비효율에 접근할 때도 과거의 내부 자료와 경쟁사 분석에 한정지어 고민하지 않겠습니다. 더 많은 글로벌 사례를 내재화하여 차별화된 개선안을 제시할 수 있는 공정담당자가 되겠습니다.

1) 글로벌 경험 Source를 500~700자로 조절하기

· **구성 방법**

Source 1문단을 2문장으로 요약(재정의 1문장 + 경험 소개 1문장)

→ Source 2문단 전체 작성(경험 실행 이유 제외)

→ Source 3문단 생략

· **주의사항**

재정의한 내용 1문장과 경험 소개 1문장으로 시작하는 것이 적절합니다. 500~700자 분량이면 경험을 하게 된 이유와 직무 또는 회사와의 연관성 관련 내용은 생략하는 것이 좋습니다.

· **작성 예시**

저는 글로벌 사례, 문헌, 저널 등을 통해 글로벌 관점에서 솔루션을 도출할 수 있는 역량이 글로벌 역량의 핵심이라고 생각합니다. ○○ 수업에서 발표를 준비하면서 글로벌 관점에서 솔루션을 도출한 경험이 있습니다.
[Source 1문단을 2문장으로 요약(재정의 1문장 + 경험 소개 1문장)]

과제 완성에서 가장 큰 문제는 반도체 기업을 어느 범위까지 조사하는 것이 적절한가에 대한 부분이었습니다. 동기들은 국내 주요 대기업 2곳과 핵심 부품사 3곳 정도로 한정 지어 준비한다는 것을 확인할 수 있었습니다. 하지만 기술과 운용의 혁신은 기업의 글로벌 순위와 관계없이 발생할 수 있다고 생각했습니다. 그래서 다양한 글로벌 반도체 기업들의 사례를 확인한 후 그중 가장 주목할 만한 혁신사례를 선택하는 것이 적절하다고 판단했습니다. 먼저 해외 저널 및 언론에서 주목한 반도체 혁신 기업을 리스트로 구성하였습니다. 그중 스위스 반도체 기업 ○○ 사의 기술 라이선스 공유와 관련한 혁신사례에 주목하게 되었습니다. 구체적으로 ○○ 사가 왜 라이선스 공유를 특수한 방식으로 진행하였는지와 그것이 최적화에 어떤 영향을 미쳤는지를 중점으로 과제를 완성하였습니다. 이는 다른 동기들의 접근과는 차별화된 기업과 이슈였습니다. 그 결과 A+ 성적을 받음과 더불어 다음 학기에 후배들에게 최고의 발표로 소개되는 영광도 얻을 수 있었습니다.

[Source 2문단 전체 작성(경험 실행 이유 제외)]

[Source 3문단 생략]

2) 글로벌 경험 Source를 700~900자로 조절하기

- **구성 방법**
  Source 1문단을 2문장으로 요약(재정의 1문장 + 경험 소개 1문장)
  → Source 2문단 전체 작성
  → Source 3문단 STEP 2를 1문장으로 요약(간단한 의지 표현만)

- **주의사항**
  500~700자와 마찬가지로 재정의한 내용 1문장과 경험 소개 1문장으로 시작하는 것이 적절합니다. 700~900자 분량은 경험하게 된 이유와 직무 또는 회사와의 연관성 내용을 모두 작성하는 것이 좋습니다. 다만, 회사와의 연관성을 기술할 때 STEP 1부터 기술하면 지나치게 비중이 커질 수 있으므로

STEP 2를 활용하여 업무 수행 의지 및 각오를 1문장으로 간단하게 언급하면서 마무리하는 것을 추천합니다.

- 작성 예시

저는 글로벌 사례, 문헌, 저널 등을 통해 글로벌 관점에서 솔루션을 도출할 수 있는 역량이 글로벌 역량의 핵심이라고 생각합니다. ○○ 수업에서 발표를 준비하면서 글로벌 관점에서 솔루션을 도출한 경험이 있습니다.

[Source 1문단을 2문장으로 요약(재정의 1문장 + 경험 소개 1문장)]

○○ 수업의 기말과제는 반도체 기업의 혁신사례에 대해 조사하여 발표하는 것이었습니다. 과제 완성에서 가장 큰 문제는 반도체 기업을 어느 범위까지 조사하는 것이 적절한가에 대한 부분이었습니다. 동기들은 국내 주요 대기업 2곳과 핵심 부품사 3곳 정도로 한정 지어 준비한다는 것을 확인할 수 있었습니다. 하지만 기술과 운용의 혁신은 기업의 글로벌 순위와 관계없이 발생할 수 있다고 생각했습니다. 그래서 다양한 글로벌 반도체 기업들의 사례를 확인한 후 그중 가장 주목할 만한 혁신사례를 선택하는 것이 적절하다고 판단했습니다. 먼저 해외 저널 및 언론에서 주목한 반도체 혁신 기업을 리스트로 구성하였습니다. 그중 스위스 반도체 기업 ○○사의 기술 라이선스 공유와 관련한 혁신사례에 주목하게 되었습니다. 구체적으로 ○○ 사가 왜 라이선스 공유를 특수한 방식으로 진행하였는지와 그것이 최적화에 어떤 영향을 미쳤는지를 중점으로 과제를 완성하였습니다. 이는 다른 동기들의 접근과는 차별화된 기업과 이슈였습니다. 그 결과 A+ 성적을 받음과 더불어 다음 학기에 후배들에게 최고의 발표로 소개되는 영광도 얻을 수 있었습니다.

[Source 2문단 전체 작성]

업무를 수행하면서도 더 많은 글로벌 사례를 내재화하여 차별화된 개선안을 제시할 수 있는 공정 담당자가 되겠습니다

[Source 3문단 STEP 2를 1문장으로 요약(간단한 의지 표현만)]

3) 글로벌 경험 Source를 1,000자 이상으로 조절하기

- **구성 방법**

  Source 1문단 전체 작성 → Source 2문단 전체 작성 → Source 3문단 전체 작성

- **주의사항**

  글자 수가 1,000자 이상이면 Source 3문단 분량을 늘려 재정의한 내용을 직무에 어떻게 적용할 것인지 자세히 설명하는 것이 좋습니다. 경험과 직무의 연관성을 확인하는 것이 기업이 1,000자 이상을 요구한 의도라고 할 수 있습니다.

- **작성 예시**

  Source와 동일

03

Source를 활용한 면접 준비하기

7대 경험은 C/C/K/E/A/F/A와 더불어 면접에서 빠짐없이 나오는 유형 중 하나입니다. C/C/K/E/A/F/A가 주로 '당신을 왜 채용해야 하나요?'에서 파생되는 간접 질문이 많다면, 7대 경험은 직접적으로 묻는 경우가 많은 편입니다. 따라서 이에 대응할 수 있도록 스크립트를 준비해야 면접이 수월해집니다. 지금부터 7대 경험 Source를 35~50초(5~7문장) 면접 스크립트로 변환하는 방법을 알아보겠습니다.

당신의 대표적인 혁신 경험에 대해 설명해 주세요.

이 정도면 실패했다고 할 수 있는 경험이 있으신가요?

지금까지 살면서 가장 크게 성공한 경험은 무엇인가요?

기업이 이러한 7대 경험 기반 질문을 자주 하는 이유가 무엇일까요? 첫 번째 이유는 분명한 재정의를 확인하기 위해서입니다. 우리는 지금까지 재정의로 7대 경험을 구성하였지만 대부분의 지원자는 자기소개서에 재정의 없이 단순히 자신의 경험을 전개합니다. 기업으로서는 '도전, 열정, 창의, 글로벌 등의 중요 키워드'에 대하여 지원자가 어떻게 생각하고, 어떤 노하우를 가졌는지 판단하기 매우 어려울 수밖에 없죠. 따라서 7대 경험 기반 질문을 통해 이 부분을 제대로 평가하려는 것입니다. 다른 이유로는 7대 경험 질문이 구조화 면접의 시작으로 큰 가치가 있기 때문입니다. 보통 7대 경험 기반 면접은 한 가지 질문으로 끝나지 않습니다. 대부분 구조화 면접, 소위 꼬리물기 질문으로 이어지는 편이죠. 이 과정을 통해 지원자의 진실성과 역량 내재화 등을 입체적으로 평가합니다. 7대 경험 기반 면접 질문은 이렇게 구체적인 질문의 시작으로 활용됩니다.

기업의 출제 의도가 이렇다면 우리는 면접 스크립트를 구성할 때 다음 내용을 유념해야 합니다. 우선 재정의가 드러나지 않는 면접 스크립트를 준비해서는 안 됩니다. 면접 스크립트는 자기소개서만큼 분량이 많을 수 없다 보니 불가피하게 재정의를 빼고 전개하는 경우가 많습니다. 하지만 긴 분량으로 설명할 수 있는 자기소개서보다 짧게 어필해야 하는 면접에서 재정의는 더 큰 가치가 있습니다. **따라서 재정의를 한 문장이라도 언급할 수 있도록 면접 스크립트를 구성해야 합니다.**

또한, 지나치게 짧거나 지나치게 긴 면접 스크립트도 부적절합니다. 앞서 말했듯이 7대 경험 질문은 구조화 면접, 꼬리물기 질문을 위한 것이므로 1~2문장 정도로 간단히 대답하면 추가 질문을 받을 수 있는 기회를 놓치게 됩니다. 또한, 모든 것을 한 번에 자세히 이야기하여 추가 질문에 답할 소재를 모두 소진해서도 안 됩니다. 이러한 주의사항을 고려해서 7대 경험 Source를 최적의 면접 스크립트로 변환해 보도록 하겠습니다. 7대 경험 중 면접 질문으로 가장 많이 나오는 창의/혁신/아이디어 도출 경험을 예로 들겠습니다.

'7대 경험 Source'를 활용한 면접 스크립트 작성 5단계 방법

[STEP 1] 질문에 답변하기(1~2문장)

[STEP 2] 역량에 대한 재정의 설명하기(1문장)

[STEP 3] 재정의 배경 설명하기(1~2문장)

[STEP 4] 경험에 대해 간단하게 소개하기(1~2문장)

[STEP 5] 직무 및 회사 시사점 소개하기(1문장)

'7대 경험 Source'를 활용한 면접 스크립트 작성 예시 1

[면접 질문]

창의를 발휘한 경험이 있으신가요?

[STEP 1] 면접 질문에 답변하기(1~2문장)

네, ○○ 동아리 회장으로 활동하면서 창의를 발휘한 경험이 있습니다. 이 경험은 부정적인 현상에 주목해서 창의적 아이디어를 전개한 경험입니다.

[STEP 2] 역량에 대한 재정의 설명하기(1문장)

저는 기본적으로 창의란 부정적인 요소에 주목하는 것에서부터 시작한다고 생각합니다.

[STEP 3] 재정의 배경 설명하기(1~2문장)

왜냐하면 반복적이고 긍정적인 것에만 집중해서는 패러다임을 바꿀 수 없다고 확신하기 때문입니다.

[STEP 4] 경험에 대해 간단하게 소개하기(1~2문장)

동아리 회장 경험을 통해 부정적인 현장 반응에 집중해서 행사기획 방향을 바꾼 경험이 있습니다. 또한, 낮은 신입회원 지원율에 주목해서 홍보방법을 혁신적으로 바꾼 경험도 가지고 있습니다.

[STEP 5] 직무 및 회사 시사점 소개하기(1문장)

입사 후 영업 직무를 수행하면서도 다소 멀그러울 수 있는 부정적인 지표를 과감히 마주할 수 있는 사원이 되도록 하겠습니다.

'7대 경험 Source'를 활용한 면접 스크립트 작성 예시 2

[면접 질문]

가장 혁신적이었던 경험은 무엇인가요?

[STEP 1] 면접 질문에 답변하기(1~2문장)

가장 혁신적이었던 경험은 ○○ 프로젝트 경험입니다. 그 이유는 상대방의 체감에 주목한 결과물을 도출했던 경험이기 때문입니다.

[STEP 2] 역량에 대한 재정의 설명하기(1문장)

저는 혁신은 체감이라는 키워드에 주목했을 때 완성된다고 생각합니다.

[STEP 3] 재정의 배경 설명하기(1~2문장)

그 이유는 IT 관련 결과물은 고객이 그 변화를 느꼈을 때 비로소 가치 있다는 것을 여러 프로젝트를 통해 깨달았기 때문입니다.

[STEP 4] 경험에 대해 간단하게 소개하기(1~2문장)

○○ 프로젝트를 진행하면서 접근 단계를 개선한 UI로 높은 평가를 받은 경험이 있습니다. 최종 도달 단계를 3단계로 줄이는 작업에 집중하여 이용자의 체감도를 압도적으로 높일 수 있었습니다.

[STEP 5] 직무 및 회사 시사점 소개하기(1문장)

입사 후 트렌드를 무작정 쫓기보다는 고객의 진짜 필요에 집중해서 체감을 바꿀 수 있는 IT 엔지니어가 되도록 하겠습니다.

TIP

예시로 살펴본 창의/혁신/아이디어 도출 경험 외의 다른 경험도 7대 경험 Source를 활용하여 스크립트를 구성하고, 미리 숙지해 두어야 합니다.

PART

Source 준비만으로는 부족한 4대 필수 문항

지금까지 정리한 C/C/K/E/A/F/A Source와 7대 경험 Source만으로는 작성하기 어려운 4대 자기소개서 문항이 있습니다. 바로 '회사 지원동기, 성장 과정, 사회 이슈, 완전 자유 양식 문항'으로, 이 문항들은 자기소개서에서 출제율과 평가 비중이 매우 높습니다. 앞서 준비한 두 가지 Source와 더불어 4대 문항까지 미리 준비하면 자기소개서 대부분 문항을 커버할 수 있습니다. 지금부터 4대 문항의 출제 의도를 분석하고 작성 방법을 완벽하게 파악해 봅시다.

01

왜 우리 회사에
지원하셨습니까?
(회사 지원동기 문항)

4대 필수 문항 중에서 가장 중요하면서 어려운 문항이 바로 회사 지원 동기 문항입니다. 이 문항은 출제율이 70%에 이를 정도로 단일 문항으로는 입사 후 포부와 더불어 가장 많이 출제됩니다. 기업의 특징에 맞게 회사 지원동기를 작성하려고 하면 도대체 어디서부터 준비해야 하는지 막막하기만 합니다. 또한, 회사 지원동기는 늘 첫 번째 문항으로 출제되어 자기소개서 작성 전부터 우리를 힘들게 하죠. 이를 해결하기 위해서는 기업이 회사 지원동기를 자주 출제하는 이유를 알아야 합니다. 그리고 기업의 출제 의도에 부합하는 회사 지원동기 전개 논리를 정확하게 설정해야 합니다. 지금부터 회사 지원동기 출제 목적과 그에 부합하는 전개 논리를 자세히 알아보겠습니다.

1. 그동안 작성한 회사 지원동기의 한계

> 삼성전자의 최근 글로벌 행보에 주목했습니다. 삼성전자는······
> 최근 LG화학은 ○○기술과 관련한 특허를 개발하였습니다. ○○기술은······
> 한국전력공사는 압도적인 전문성을 갖췄을 뿐만 아니라, 사회공헌 활동에도 최선을 다하고 있습니다. 최근에는······

위와 같은 방식으로 회사 지원동기를 작성하는 지원자가 80~90%입니다. 위의 예시가 모두 다른 전개로 보일 수 있지만 한 가지 공통점이 있습니다. 바로 기업에 대한 이야기로 시작했다는 점입니다. 회사 지원동기니까 이렇게 시작하는 것이 당연하다고 생각할 수 있지만 안타깝게도 이런 전개는 인사담당자에게 이 정도 수준으로만 읽힙니다.

> 지원 공고가 떠서 수동적으로 작성했습니다.
> 그냥 지원한 기업이 너무나 좋습니다.
> 다른 건 몰라도 지원한 기업에 대해 많이 공부했습니다.

여러분의 깊이 있는 이해를 돕기 위해 원론적인 이야기를 하나 하겠습니다. 우리가 작성하고 있는 것은 '자기'소개서입니다. 나를 소개하는 것이죠. 자기소개서는 나의 생각이나 나의 경험을 기업에 제대로 전달했을 때 비로소 의미 있는 글이 될 수 있습니다. 이 관점에서 본다면 회사 지원동기 문항의 주인공은 기업이 아닌 글을 작성하는 여러분이어야 합니다. 주인공이 '나'라면 기업에 대한 이야기가 아닌 나에 대한 이야기로 시작하는 것이 가장 기본입니다. 그런데도 많은 지원자가 회사 지원동기를 작성할 때 기업 관련 내용부터 언급하는 이유는 다음과 같은 흔한 오해에서 비롯됩니다.

> ❝ 기업의 현황이나 최근 이슈에 대해서 자세히 알고 있다고 어필해야 높은 점수를 주는 것으로 알고 있습니다. ❞

과연 그럴까요? 기업 입장에서 생각해 봅시다. 사실상 오픈북 형태로 작성 과정을 알 수 없는 자기소개서에 기업 현황과 이슈를 많이 작성했다는 이유만으로 지원자에게 높은 점수를 주기는 쉽지 않습니다. 기업에 대한 내용은 리서치 능력이 좋거나 지원한 기업을 다니는 지인이 있다면 어렵지 않게 기술할 수 있기 때문입니다. 그렇다면 왜 기업은 회사 지원동기 문항을 출제할까요? 그 해답은 직무 기반 채용이라는 기업의 공통된 평가 방식에서 찾을 수 있습니다. 기업의 속마음을 좀 더 자세히 알아봅시다.

회사 지원동기 문항을 출제한 기업의 의도

[의도 1] 직무에 준비된 지원자로서 기업 선택 기준을 명확하게 제시하길 바라고,

[의도 2] 그 선택 기준이 직무적으로 중요한 이유를 자세히 알고 싶고,

[의도 3] 우리 회사가 그 기준에 부합하는지에 대해서 잘 설명하는지를 확인하고 싶고,

따라서 이러한 기업의 의도에 부합하는 회사 지원동기를 작성하는 것이 핵심입니다. 이 과정에서 가장 중요한 부분은 기업 선택 기준을 직무적 관점에서 중요하다고 설명해야 한다는 점입니다. 가령 어떤 직무에서 '긴 역사'를 보유하고 있는 것을 기업 선택 기준으로 설정했다고 가정하겠습니다. 그렇다면 '역사가 길다는 것은 여러모로 중요합니다.'의 단순 전개가 아니라 '역사가 길다는 것은 지원 직무에서 ~을 의미하고 ~한 가치가 있습니다.'의 자세한 전개가 필요합니다. 지금부터 다양한 예시를 통해 기업의 의도에 가장 부합하는 회사 지원동기 작성 방법을 알아보겠습니다.

2. 가장 합리적인 회사 지원동기 작성법

1) 회사 지원동기 작성 4단계 방법

[STEP 1] 기업 선택 기준 한 가지 제시(1~2문장)
→ 직무에 '준비된/확신을 가지고 있는/전문성을 갖춘 인재'로서의 기업 선택 '기준/전제 조건'을 제시합니다.

[STEP 2] 해당 기준이 직무에 준비된 사람의 관점에서 왜 중요한지에 대한 설명(2~4문장)
→ STEP 1의 기준을 통해 직무에서의 '궁극적인 포부를 달성/업무 범위를 확장/ 업무 역량 극대화/가치관 실현/ 혁신의 완성' 등을 이룰 수 있기 때문에 해당 기준을 중시한다는 것으로 시작하는 것이 좋습니다. STEP 1과 STEP 2를 합쳐 3~6문장으로 풍성하게 구성하여 나의 이야기로 회사 지원동기를 시작한다는 점을 기업에 어필할 필요가 있습니다.

[STEP 3] 해당 기준에 부합하는 기업의 사례 및 현황 제시(2~4문장)
→ 기업의 CEO 메시지/최근 1년간 긍정적 뉴스(계약 체결, 공장 확장, 기술 확보, 매출 달성, 영업이익 확대, 글로벌 진출 등) 등에 관해 분량에 맞춰 작성하면 됩니다.

* 기업의 사례 및 현황은 1) 기업 공식 홈페이지(CEO 메시지, 보도자료, 알림마당), 2) '기업명 + 긍정, 기업명 + 혁신, 기업명 + 달성, 기업명 + 계약, 기업명 + 투자, 기업명 + 연구, 기업명 + 개발, 기업명 + CEO'의 조합으로 포털 검색, 3) 상장기업이면 최근 1년간의 증권사 리포트 활용

[STEP 4] 간단한 포부 언급(1문장)
→ C/C/K/E/A/F/A의 F를 활용하면 됩니다. 포부를 자세히 언급하는 문항이 아

니므로 1문장으로 간단히 마무리하는 것이 좋습니다. '자기'소개서인 만큼 기업의 현황 및 사례를 소개한 STEP 3로 마무리하기보다 '이렇게 기준에 부합하는 지원 기업에서 ~한 포부를 달성해서 ~한 시너지를 내겠습니다.'로 마무리하는 것을 추천합니다. 입사 후 포부 문항이 따로 있더라도 자세한 설명은 해당 문항에서 진행하게 되는 만큼, 입사 후 포부에서 주장할 키워드를 STEP 4에 그대로 활용하는 것도 괜찮습니다.

2) 회사 지원동기 작성 전 점검 포인트

Point 1 글자 수 조절 관련

회사 지원동기를 작성할 때 글자 수 조절의 포인트는 STEP 3에 있습니다. 글자 수 분량이 800~1,000자이면 STEP 1, 2, 4의 분량을 유지하고 STEP 3를 더 자세히 기술하는 것이 좋습니다. 또한, 글자 수가 500자 미만인 경우에도 STEP 1, 2, 4의 분량은 유지하면서 STEP 3를 1~2문장으로 간략하게 기술하는 것이 적절합니다.

Point 2 직접적인 경험이 없는 경우

지원한 기업에서 인턴십을 수행하는 등의 직접적인 경험이 있다면 '인턴으로 업무를 수행하면서 지원 기업의 ~한 강점을 직접 목격하였습니다.'로 시작하는 것이 바람직합니다. 다만, 직접적인 경험이 없는 대부분의 경우에는 앞서 제시한 전개가 좋은 평가를 받을 수 있는 유일한 방법입니다.

Point 3 면접 스크립트 활용 관련

면접에서 회사 지원동기를 설명할 때도 이러한 전개는 매우 효과적입니다. 4가지 STEP별로 1~2문장씩 균등하게 언급하여 총 6~8문장 정도로 설명한다면 그 자체로 매력적인 회사 지원동기 면접 스크립트가 됩니다.

3) 회사 지원동기 작성 예시 1(영업 직무, 500~700자 기준)

STEP 1 기업 선택 기준 한 가지 제시(1~2문장)
준비된 영업담당자로서 '지역 밀착'이라는 키워드는 저의 영업 역량을 극대화하는 데 가장 중요한 기준입니다.

STEP 2 해당 기준이 직무에 준비된 사람의 관점에서 왜 중요한지에 대한 설명(2~4문장)

[1문단]

저는 앞으로의 영업의 핵심은 접근성에 있다고 생각합니다. 물리적 접근성뿐만아니라 심리, 편의 관점에서의 접근성 향상이 고객의 신뢰를 지속해서 얻을 수 있는 조건이기 때문입니다. 이러한 접근성의 핵심에는 '지역 밀착'이 있다고 생각합니다. 지역 밀착을 현실화하거나 지향하는 기업에서 고객과의 장기적 관계를 맺을 수 있는 조건이 완성된다고 생각합니다.

STEP 3 해당 기준에 부합하는 기업의 사례 및 현황 제시(2~4문장)
글자 수에 따라 지원한 기업이 지역 밀착을 실현한 사례를 언급하거나 지역 밀착을 강조한 CEO 메시지 언급

STEP 4 간단한 포부 언급(1문장)
이러한 ○○ 리테일에서 '리스크의 효율화'를 달성하여 변화하는 유통 시장에 민첩하게 대응할 수 있는 영업담당자가 되겠다는 확신으로 지원하였습니다.

4) 회사 지원동기 작성 예시 2(공정 직무, 500~700자 기준)

1문단

STEP 1 기업 선택 기준 한 가지 제시(1~2문장)
공정 직무의 전문성을 갖춘 인재로서 '제품 자체의 경쟁력 확보'는 프로세스 혁신을 위한 가장 중요한 전제 조건이라고 생각합니다.

STEP 2 해당 기준이 직무에 준비된 사람의 관점에서 왜 중요한지에 대한 설명(2~4문장)
제품 경쟁력에 대한 확신을 가졌을 때 프로세스에 집중해서 다양한 시도를 할 수 있다고 생각하기 때문입니다. 제품 경쟁력에 대한 의문은 프로세스보다는 단순 품질 개선으로 업무 영역을 한정하게 만듭니다. 따라서 제품에 대한 확신을 줄 수 있는 기업에서 생산성을 입체적으로 고려한 프로세스 혁신이 가능하다고 생각합니다.

STEP 3 해당 기준에 부합하는 기업의 사례 및 현황 제시(2~4문장)
글자 수에 따라 지원한 기업의 핵심 제품 경쟁력과 관련한 사례, 외부평가, 연구과정, 투자과정 등 언급

STEP 4 간단한 포부 언급(1문장)
이러한 ○○ 전자에서 '개선의 표준화'라는 궁극적인 포부를 통해 고객에게 품질과 납기의 신뢰를 동시에 줄 수 있다는 확신으로 지원하였습니다.

이러한 전개 논리와 예시를 파악해도 여러분에게 한 가지 큰 어려움이 남아 있을 것입니다. 바로 STEP 1의 기업 선택 기준을 구체적으로 어떻게 설정해야 하는가에 대한 부분입니다. 그래서 대부분 직무에서 고려해 볼만한 기업 선택 기준을 중요도 순으로 설명하는 것으로 마무리하겠습니다. 많은 기업에 적용 가능한 기준인 만큼 잘 활용하면 되겠습니다.

5) 높은 점수를 얻을 수 있는 기업 선택 기준 유형 파악하기

유형 1	History와 Trend의 균형 유형

이 유형은 경쟁사 대비 '기업 자체, 브랜드, 제품의 역사'가 상대적으로 긴 기업의 가치를 이야기하는 유형입니다. 오랜 시간 소비자의 선택을 받아왔다는 것은 변화하는 트렌드에 효과적으로 대응해왔음을 상징합니다. 이런 이유로 역사가 오래된 기업은 큰 가치가 있는 것입니다. 트렌드는 소비자 트렌드뿐만 아니라 기술 트렌드도 언급할 수 있으며 인문계, 이공계 모두 직무 연관성을 찾기 쉬운 유형입니다.

유형 2	압도적인 기술 격차 유형

이 유형은 기업의 공감을 얻기 쉽습니다. 우리나라 주요 기업들은 자원 기반보다는 기술 격차 기반으로 성장했다는 공통점이 있습니다. 따라서 이를 기업 선택 기준으로 잡고 직무 접점을 찾는다면 기업의 공감을 얻기 수월합니다. 예를 들어, 엔지니어는 기술 격차를 확보한 기업에서 경쟁을 위한 개선이 아닌 새로운 방향을 제시하기 위한 개선을 할 수 있다고 주장할 수 있습니다. 또한, 영업사원은 기술 격차를 확보했을 때 고객을 설득할 수 있는 기본 전제가 완성된다고 주장할 수도 있습니다.

유형 3	B2B와 B2C의 균형(Or 사업 포트폴리오 다각화) 유형

이 유형은 지원한 직무에서의 업무 수행 범주가 확장된다고 주장할 수 있는 유형입니다. B2B(Business to Business: 기업과 기업 사이에 이루어지는 전자상거래) 사업과 B2C(Business to Customer: 기업과 소비자 사이에 이루어지는 전자상거래) 사업을 동시에 영위하고 있거나 두 사업 비중이 유사한 기업에 주목해 봅시다. 대부분 직무에서 'B2B와 B2C를 모두 만족시키려는 전략은 직무에서도 업무 범주를 확장하게 할 것이고, 결국 그 과정을 통해 직무 역량이 강화될 것입니다.'라는 전개가 가능합니다.

유형 4	위험의 효율적 관리 유형

이 유형은 과거에 위기를 극복했던 노하우를 바탕으로 미래의 위기도 효율적으로 극복할 수 있다는 확신을 기준으로 삼는 유형입니다. 대부분의 기업은 여러 차례 큰 위기를 극복한 경험이 있습니다. 그 위기를 극복하고 현재의 위치에 도달한 것이죠. 이러한 과거를 통해 지원 기업이 미래의 위기도 극복할 수 있다는 확신을 가지게 되는 것입니다. 대부분 직무에서 지원 기업의 '미래 위기 극복에 대한 확신은 장기적인 관점에서 업무를 계획, 수행할 수 있도록 합니다.'라는 논리를 설정할 수 있습니다.

유형 5	제품 경쟁력(브랜드 경쟁력) 유형

이 유형은 기업이 생산 또는 서비스하는 제품이나 브랜드 그 자체의 경쟁력에 주목하는 유형입니다. 제품이나 브랜드 그 자체의 경쟁력이 압도적이면 직무에서 얻을 수 있는 이점이 무엇인지 생각해 봅시다. 예를 들어, 영업사원이라면 제품에 대한 설명 위주의 영업이 아닌 프로모션 기반의 영업이 가능하다는 이점이 있습니다. 엔지니어라면 프로세스 혁신에 좀 더 집중할 수 있다는 이점이 있을 수 있습니다.

유형 6	CS의 입체적 해석 유형

이 유형은 다각도로 고객 만족을 위한 전략을 고민, 수행하는 기업에 주목하는 유형입니다. 더 이상 단순히 친절함, 저렴한 가격만으로는 고객 만족을 끌어낼 수 없다는 시각을 전달할 수 있습니다. 소비자에게 지속해서 선택받기 위해서는 고객이 만족을 느끼는 경로를 다양하게 구성하고, 그에 따른 각각의 전략이 필요하다고 주장할 수 있습니다. 특히 영업 직무, IT 직무, 품질 직무라면 고려해 볼 만한 기준입니다.

유형 7	근본에 대한 투자(제조, 연구) 유형

이 유형은 기업의 미래 가치나 지속 성장 가능성을 기준으로 삼고자 할 때 선택할 수 있는 유형입니다. '제조시설, 연구시설, 연구인력, 제조환경 개선'에 투자를 아끼지 않는 기업이 많습니다. 이런 기업들은 당장의 손익에 부정적 영향을 받더라도 10~30년 뒤를 보고 투자하는 것입니다. 그렇다면 대부분 직무에서 직무 역량을 확장하고 장기적인 관점에서 업무를 수행, 계획하기 위해서는 이 기준이 필요하다고 주장할 수 있겠죠? 생산 직무, 품질 직무, 연구개발 직무, 경영지원 직무는 조금 더 주목해 봅시다.

유형 8	사용자 경험에 주목(지역 밀착, 접근성, 일상, 가치소비 등) 유형

이 유형은 소비자의 구매 의사결정과 관련한 트렌드를 언급하는 유형입니다. 소비자는 결국 사용자 경험이 개선되었을 때 구매한다고 진단할 수 있습니다. 또한, 접근성을 향상하는 것이 소비자에게 근본적 감동을 준다고 할 수 있고, 일상 혹은 라이프스타일에 주목하는 것이 핵심이라고 볼 수도 있습니다. 그뿐만 아니라 가치소비 트렌드가 소비자 구매 의사결정의 중요한 미래 방향성이라고 볼 수도 있겠죠. 마케팅 직무와 영업 직무라면 적극적으로 활용 가능한 유형입니다.

유형 9	전문성을 바탕으로 한 사회적 가치 실현

이 유형은 사회적 가치를 강조하는 유형입니다. 1등 혹은 글로벌화만 강조해왔던 기업의 기조가 2010년대부터 변화하고 있습니다. 여전히 1등 및 글로벌을 강조하지만 그와 대등하게 사회적 가치를 중시하는 경우가 많아진 것입니다. 그만큼 기업의 사회적 역할과 간접적 영향에 대한 기업의 고민이 커졌음을 의미합니다. 따라서 기업 선택 기준을 이 유형으로 잡는 것은 기업의 고민에 직접 공감할 수 있다는 장점이 있습니다. 그렇다면 사회적 가치를 실현하고 있는 기업의 직무 접점상 이점은 무엇일까요? 이 과정을 통해 소비자 신뢰 확보라는 근본적이고 거시적인 목표를 달성할 수 있다는 점이 최고의 이점일 것입니다.

유형 10	고객 접점에서 새로운 기술 현실화(혁신, 융합의 현실화) 유형

이 유형은 현실화에 성공하거나 현실화를 중시하는 기업에 주목하는 유형입니다. 혁신을 구호로만 외치는 기업이 있는 반면 혁신을 다양한 방식으로 우리 일상에 현실화한 기업도 많습니다. 엔지니어나 연구원은 기술이나 혁신의 현실화에 성공해야 그동안 고민했던 과정이 비로소 결실을 맺었다고 할 수 있습니다. 영업사원 역시 기술이나 혁신의 현실화를 기반으로 소비자의 체감에 주목한 영업 전략을 수립할 수 있습니다. 이렇게 현실화라는 키워드는 대부분 직무에서 폭넓게 활용할 수 있습니다.

유형 11	비용(원가) 경쟁력을 통한 수익구조 개선 유형

이 유형은 전반적인 수익구조가 안정적인 기업에 적합한 유형입니다. 기업의 존재 목적은 매출과 수익 확대에 있다고 해도 과언이 아닙니다. 그런데 최근 글로벌 경쟁의 심화로 기업들이 수익구조를 개선하는 데 큰 어려움을 겪고 있습니다. 하지만 그 중에도 혁신을 통해 불필요한 비용을 줄여 손익구조를 안정화하고 있는 기업도 있습니다. 대부분 직무는 비용과 원가를 고려해서 업무를 수행해야 하는 만큼 안정적 수익구조에 강점이 있는 기업을 선택 기준으로 삼을 수 있습니다. 안정적 수익구조는 업무의 예측 가능성을 높이는 가장 중요한 조건이기 때문입니다.

유형 12	데이터 Or 플랫폼화 중시 유형

이 유형은 기업의 미래성장동력을 데이터 또는 플랫폼화로 보는 유형입니다. 동일 산업의 경쟁사에 비해 데이터를 강조하고 플랫폼화에 일부 성공한 기업이라면 이 유형을 활용하는 것도 좋습니다. 의사결정의 오류를 최소화하는 데는 데이터가, 전체적인 효율과 속도를 높이는 데는 플랫폼화가 큰 역할을 하기 때문입니다.

위의 12가지 유형의 기준을 '지원 기업의 향후 지속 성장 가능성이 매우 높다는 확신을 얻는 시작점'으로 활용하는 것이 좋습니다. 대부분 직무는 업무의 중장기적 연속성과 예측성이 직무 역량 향상의 중요한 조건이 됩니다. 따라서 지원 기업이 앞으로 여러분이 근무하는 기간에 지속해서 성장하고 확장해야만, 이러한 업무 연속성과 예측성을 바탕으로 직무 역량이 향상될 수 있는 것입니다. 그런데 단순히 '지원 기업이 앞으로 지속 성장할 것 같아 지원하였습니다.'로 전개할 경우, 기업들의 공감을 받기 매우 어렵기 때문에 위의 12가지 유형의 기준을 통해 간접적으로 어필하는 것이 적절합니다.

TIP 강의 바로 가기 ▶

02

당신의 성장 과정이 궁금합니다.
(성장 과정 문항)

> 평균 글자 수가 800자이고, 주로 2~3번 문항에 배치되며, 출제 의도를 가장 알기 어려운 문항

성장 과정 문항을 간략하게 요약하면 이렇습니다. 사실 회사 지원동기, 입사 후 포부, 본인의 강점 문항은 작성하기가 껄끄러워도 출제 의도를 해석하는 것 자체가 어렵진 않습니다. 키워드를 기반으로 직관적인 해석이 가능하기 때문이죠. 그런데 성장 과정 문항은 성장 과정이라는 키워드 자체가 다소 모호하다는 특징이 있습니다. 따라서 문항에 숨어있는 의도를 정확히 해석하는 것이 중요합니다. 지금부터 성장 과정 문항을 출제한 기업의 의도 분석을 중심으로 자기소개서 작성 방법

을 살펴보겠습니다.

1. 무엇이 성장했다고 해야 할까?

성장 과정 문항을 '성장'과 '과정'으로 쪼개서 살펴봅시다. 우선 성장이란 단어에 집중하면 글로 무엇인가가 성장했다는 것을 명확히 전달하는 것이 중요합니다. 과정이란 단어에 집중하면 한 가지 경험이 아닌두 가지 경험을 단계적으로 설명하는 것이 중요하죠. **정리하면** 성장 과정 문항은 '무엇인가가 성장했다는 것을 두 가지 경험으로 설명하는 문항'으로 정의하는 것이 가장 바람직합니다. 그럼에도 성장 과정을 작성할 때 많은 지원자가 아래와 같은 실수를 합니다.

성장 과정을 작성할 때 가장 많이 하는 실수 2가지

[대표실수 1] 글 초반에 무엇이 성장했는지를 작성하지 않거나, 파악하기 어렵게
작성한 실수
[대표실수 2] 성장 과정을 한 가지 경험으로만 작성하는 실수

이렇게 작성하면 성장 과정 출제 의도에 부합하지 않는 글이 될 수밖에 없습니다. 기업이 성장 과정에 작성한 글을 읽은 후 '그래서 무엇이 성장했다는 것일까?' 하는 의문이 남아선 안 됩니다. 이를 해소하는 가장좋은 방식이 두괄식 전개입니다. 초반부터 '무엇이 성장하였습니다.'를 명확하게 전달할 필요가 있죠. 또한, 기업에 '성장 과정인데 에피소드

를 1개만 썼네.'라는 의아함을 남겨서도 안 됩니다. 경험을 과거 경험과 최신 경험으로 나눠 최소 2단계로 설명해야 합니다. 다만 이에 관해 이해했더라도 한 가지 의문이 남습니다.

> **"그렇다면 무엇이 성장했다고 해야 기업에게 좋은 평가를 받을 수 있을까요?**
> **직무 역량? 글로벌 역량? 살아온 일대기 설명? 너무 어렵습니다."**

어떻게 작성하더라도 오답이라고 하긴 어렵습니다. '무엇이 성장하였습니다.'만 잘 전달하면 성장 과정 문항 출제 목적에는 부합하기 때문이죠. 다만 지금부터는 단순한 문항 분석을 넘어 기업의 출제 의도를 좀 더 고려한 작성 방법을 제시하고자 합니다.

Solution: 가치관을 2가지 경험으로 설명하기

그렇다면 왜 가치관일까요? 이해를 돕기 위해 20~30년 전으로 잠시 돌아가 보겠습니다. 1990년대 자기소개서를 분석해 보면 가장 많이 출제된 문항이 생활신조/가치관/신념 문항입니다. 이렇게 예전부터 지원자의 가치관을 측정하는 것은 평가에서 중요한 부분을 차지했습니다. 또한, 지금도 면접에서 가치관 관련 질문이 늘 나오고 있죠. 기업은 과거에도 현재에도 지원자의 가치관 측정을 매우 중시하고 있는 것입니다. 그런데 최근 우리가 접하는 자기소개서에서 가치관을 직접적으로 물어보는 문항은 드뭅니다. 기업이 지원자의 가치관 측정을 예전보다 덜 중시하는 것도 아닌데 자기소개서에서 가치관을 직접 묻지 않는 이유가 무엇일까요?

그 이유는 자기소개서에서 가치관을 직접 물어보면 다소 작위적으로 작성하는 지원자가 많다는 것을 이미 경험을 통해 확인했기 때문입니다. 그래서 가치관을 간접적으로 확인하고자 탄생한 문항이 바로 성장 과정 문항입니다. 성장 과정에서 지원자가 강조한 포인트를 바탕으로 가치관을 직접 확인하거나 유추하는 것이죠. 그래서 가치관이 성장했다는 점을 두 가지 경험을 통해 기업에 잘 어필할 수 있어야 합니다. 그것이 가장 '유리한' 방식입니다.

2. 가장 합리적인 성장 과정 작성법

1) 성장 과정 작성 방법

1문단 (100~ 200자)	• **전개 순서** STEP 1. 가치관 소개 STEP 2. 가치관이 나에게 중요한 이유 STEP 3. 2~3문단에서 설명할 경험 개괄 • **주의사항** 성장 과정 문항은 가치관을 기반으로 작성하는 것이 적절하지만, 문항 자체에 가치관이란 단어가 직접 들어가 있지는 않습니다. 따라서 글의 맥락을 고려했을 때, 성장 과정을 왜 가치관 기반으로 설명하려고 하는지에 대한 설명이 필요합니다.

2문단
(300~
500자)

- **전개 순서**

  STEP 1. 가치관의 중요성을 발견한 경험 소개
  STEP 2. 관련 에피소드 설명
  STEP 3. 경험을 통해 배우고 느낀 점

- **주의사항**

  2문단의 첫 문장 설정이 가장 중요합니다. 첫 문장을 통해 2문단에 기술할 에피소드가 가치관의 중요성을 발견한 과정임을 정확하게 전달하는 것이 필요하기 때문입니다. 또한, 3문단에 기술할 내용보다는 비교적 과거의 경험을 기술하는 것이 적절합니다. 가치관의 중요성을 발견한 경험이 가치관을 적용한 경험보다 미래일 수는 없기 때문이죠. 그리고 직접 수행하거나 경험한 내용이 아닌, 다른 사람이 하는 것을 보고 느낀 점 등의 간접적 경험을 기술해도 무방합니다.

3문단
(300~
500자)

- **전개 순서**

  STEP 1. 가치관을 적용한 경험 소개
  STEP 2. 관련 에피소드 설명
  STEP 3. 가치관을 적용한 경험의 결과

- **주의사항**

  3문단 역시 첫 문장 설정이 가장 중요합니다. 첫 문장을 통해 가치관의 중요성을 깨달은 것에 그친 것이 아니라, 경험에 직접 적용하고자 했음을 어필할 필요가 있기 때문입니다. 그리고 2문단에 기술한 내용보다는 비교적 최근의 경험을 기술해야 합니다. 또한, 능동적으로 가치관을 적용한 경험인 만큼 어느 정도 결과가 명확하게 있을 때 설득력을 가질 수 있습니다.

2) 성장 과정 작성 예시(800~1,000자)

1문단 (100~ 200자)	**STEP 1 가치관 소개**(1~2문장, 50~100자) 공유의 가치관을 내재화한 과정이 저의 성장 과정을 가장 잘 보여 준다고 생각합니다. 삶에서 무엇을 중시해야 하는지를 정확하게 확립한 과정이기 때문입니다. **STEP 2 가치관이 나에게 중요한 이유**(1~2문장, 50~100자) 제가 공유라는 키워드를 중시하는 이유는 그 과정을 통해 개인의 역량 향상과 팀의 성과를 모두 달성할 수 있다는 것을 배웠기 때문입니다. **STEP 3 2~3문단에서 설명할 경험 소개**(1문장, 20~50자) 특히 ○○ 동아리 경험과 ○○ 인턴 경험을 통해 이러한 가치관의 중요성을 배우고 적용하고자 노력했습니다.
2문단 (300~ 500자)	**STEP 1 가치관의 중요성을 발견한 경험 소개**(1문장, 20~50자) 저는 ○○ 동아리 경험을 통해 공유의 가치관이 중요하다는 사실을 깨달았습니다. **STEP 2 관련 에피소드 설명**(3~5문장, 250~350자) ○○ 경진대회 출품을 위해 모든 인원이 역할을 배분받아 준비한 경험이 있습니다. 굉장히 촉박한 일정으로 진행되는 만큼 각자의 역할에 집중해야 좋은 결과물이 나올 것이라고 생각했습니다. 그런데 동아리 회장 선배 주도로 현재까지의 문제점이 무엇이고 개선사항이 없는지에 대하여 공유하는 회의를 10여 차례 이상 진행하게 되었습니다. 초반에는 시간이 부족하였기에 이런 회의 자체가 불필요한 과정이라고 판단하였습니다. 그런데 회의 과정 중 최종 결과물에 결정적 영향을 미치는 요소 3가지를 발견하여 전략을 좀 더 합리적으로 수정하는 과정을 분명하게 확인할 수 있었습니다. **STEP 3 경험을 통해 배우고 느낀 점**(1~2문장, 50~100자) 이 경험을 통해 구성원과 정보 및 의견을 나누는 공유 과정이 완성도를 위한 가장 좋은 해결책임을 깨달았습니다.

STEP 1 가치관을 적용한 경험 소개(1문장, 50~100자)
최근 ○○ 기업에서의 인턴 경험을 통해서도 이러한 공유의 가치관을 실천하고 적용하고자 노력하였습니다.

STEP 2 관련 에피소드 설명(3~5문장, 250~350자)
우수 인턴 선정에 반영되는 최종 과제를 조별로 나누어 진행한 경험이 있습니다. 조별로 진행되지만 평가는 개인별로 이뤄지는 만큼 보이지 않는 신경전이 있었습니다. 서로 알고 있는 것을 모두 꺼내서 이야기 하는 분위기는 아니었습니다. 하지만 저뿐만 아니라 조원 전체의 평가를 위해서 조원끼리 적극적으로 자료를 공유하는 것이 적절하다고 판단하였습니다. 그래서 제가 분석한 시장 자료 및 해외 사례 등을 먼저 공유하였습니다. 이를 계기로 다른 조원들도 각자 강점이 있는 자료를 흔쾌히 나누는 분위기가 형성될 수 있었습니다.

3문단
(300~
500자)

STEP 3 가치관을 적용한 경험의 결과(1문장, 50~100자)
그 결과 저를 포함하여 조에서 우수 인턴이 3명이나 선정되는 좋은 결과를 얻게 되었습니다.

3. 높은 점수를 얻을 수 있는 가치관 유형 파악하기

지금까지 성장 과정 문항 전개 논리를 충분히 이해했다면 다음으로는 어떤 가치관을 기업에 전달하는 것이 가장 유리한지를 알아보겠습니다. 대부분 기업은 인재상, CEO 메시지, 공지를 통해 분명하게 강조하는 것들이 있습니다. 이런 요소에서 가치관을 도출하는 것이 가장 유리합니다. '기업의 선호 포인트, 작성의 편리함, 면접 연계성'을 모두 고려한 아래 4가지 유형의 가치관을 추천합니다. 실제 가치관과 크게 어굿나지 않다면 아래 유형들 중 하나로 가치관 방향을 잡고 자신만의 언어로 써 보길 추천합니다.

[유형 1] 능동을 중시하는 유형
Ex) 먼저 하는 것을 중시함/알아서 하는 것을 중시함 등

[유형 2] 팀워크를 중시하는 유형
Ex) 함께 만들어가는 것에 가치를 느낌/공유의 가치를 중시함 등

[유형 3] 다양한 시도를 중시하는 유형
Ex) 보다 많은 경험의 가치를 중시함/다양한 사람과의 만남을 중시함 등

[유형 4] 신뢰 관련 평판을 중시하는 유형
Ex) 많은 사람에게 믿을 만한 사람이라고 평가받는 삶을 지향함/나를 경험한
    많은 사람에게 "덕분에"라는 말을 많이 듣는 삶을 지향함 등

TIP

성장 과정에서 어필할 수 있는 가치관이 반드시 위의 4가지 유형에 한정되는 것은 아닙니다. 여러분이 진심으로 추구하고 있는 가치관이 있다면 검토 후 충분히 채택할 수 있습니다. 다만 '1등, 승리 지향', '글로벌 지향', '실적, 성과 지향' 등의 키워드가 주가 되는 가치관은 평가 과정에서 작위적인 것으로 분류될 가능성이 매우 높기 때문에, 대부분 직무에서 피하는 것이 유리합니다.

TIP 강의 바로 가기 ▶

03

관심 있는 사회 이슈에 대한
견해를 작성해 주세요.
(사회 이슈 문항)

자기소개서에서 관심 있는 사회 이슈에 대한 논리적 전개를 요구하는 문항은 꾸준히 출제되고 있습니다. 이 문항의 특징은 1) 지원자가 직접 주제를 정한다는 점과 2) 주로 기업 이슈가 아닌 사회 이슈를 물어본다는 점, 그리고 3) 지원자의 견해를 함께 물어보는 경우가 많다는 점입니다. 지원자의 역량과 생각을 직접 물어보는 다른 문항과는 성격이 다르죠. 지금부터 사회 이슈 문항의 출제 의도를 기업 관점에서 분석하고 그에 부합하는 작성법을 살펴보겠습니다.

1. 사회 이슈 문항을 출제하는 기업의 3가지 의도

> *가장 주목하는 사회 이슈에 대해 작성해 주세요.*
> 최근 관심 있는 사회 이슈에 대한 설명과 그에 대한 견해를 작성해 주세요.
> 관심 있는 이슈에 대해 작성하고 해당 이슈를 선택한 이유를 설명해 주세요.

사회 이슈 문항의 대표적인 사례입니다. 다른 문항과는 출제 의도부터 다르다는 것이 명확하게 드러납니다. 따라서 지원자가 아닌 기업의 입장에서 출제 의도를 해석하는 것이 사회 이슈 문항 작성의 시작이라고 할 수 있습니다. 혹시 여러분은 기업이 아래와 같은 의도로 사회 이슈 문항을 출제했다고 생각하진 않았나요?

> *기업 내부 이슈를 잘 알고 있는 사람에게 가점을 줄 예정입니다.*
> 이슈 관련 사례를 잘 알고 있는 사람에게 높은 점수를 줄 예정입니다.

사회 이슈 문항을 좀 더 자세히 분석하면 출제 의도를 이렇게 해석하는 것이 잘못된 해석이라는 것을 어렵지 않게 알 수 있습니다. 우선 기업 내부 이슈가 궁금했다면 사회 이슈가 아닌 우리 기업의 이슈라고 표현했을 것입니다. 또한, 이슈와 관련한 사례만 깊이 있게 알고 있는 사람에게 가점을 주는 것도 기업 입장에서는 그렇게 좋은 선택은 아닙니다. 왜냐하면 자기소개서는 작성 과정을 알 수 없는 오픈북 성격이 강하기 때문이죠. 그렇다면 사회 이슈 문항의 진짜 출제 의도는 무엇일까요? 아래와 같이 해석하는 것이 가장 적절합니다.

사회 이슈 문항을 출제하는 진짜 목적

> **[의도 1]** 직무 전문성을 갖춘 지원자로서 해당 이슈를 어떤 이유로 선택했는
>   지를 평가하고자 함
> → Point. 이슈 선택 이유를 직무 관점에서 설명하는 것이 중요함
>
> **[의도 2]** 이슈를 다양한 시각으로 설명하는지를 평가하고자 함
> → Point. 이슈 관련 단순 사실뿐만 아니라 논쟁을 함께 다루는 것이 중요함
>
> **[의도 3]** 이슈 관련하여 기업이 주목할 점과 본인이 주목할 점을 구분하여
>   전달하는지 평가하고자 함
> → Point. 기업의 방향과 본인의 방향을 구분하면서 균형 있게 다루는 것이
>   중요함

요약하자면 기업은 사회 이슈 문항을 통해 1) 직무 관점에서 왜 해당 이슈를 선택했는지, 2) 이슈를 다양한 시각으로 소개했는지, 3) 기업과 본인이 주목할 방향을 균형 있게 전달했는지 3가지를 평가하려는 것입니다. 이렇게 보니 직무 전문성을 점검하는 목적은 다른 문항과 동일하다고 볼 수 있습니다. 출제 의도를 이해했다면 1) 이슈 관련 사례만 길게 작성하거나 2) 이슈 선택 이유를 생략하거나 3) 기업 및 본인의 방향 중 하나만 작성하는 것 모두 적절하지 않다는 것을 알 수 있을 것입니다. 이런 부분에 유의하면서 본격적으로 사회 이슈 문항을 작성해 보겠습니다.

2. 가장 합리적인 사회 이슈 작성법

1) 사회 이슈 작성 방법

1문단
(100~200자)

- **전개 순서**

  STEP 1. 주목하는 이슈
  STEP 2. 직무 관점에서의 이슈 선택 이유
  STEP 3. 지원한 기업과의 접점

- **주의사항**

  STEP 2의 이슈 선택 이유는 반드시 직무 관점에서 도출될 수 있어야 합니다. 직무 전문성을 지원 기업에 효율적으로 어필하는 것이 사회 이슈 문항 대응의 가장 중요한 포인트가 되어야 하기 때문입니다. 이를 위해 '해당 이슈를 주목/관찰/추적/관리/적용 시도하는 것이 직무 수행에서 큰 의미가 있다고 생각했습니다.'의 논리로 이슈 선택 이유를 설명해 볼 것을 추천합니다.

2문단
(300~500자)

- **전개 순서**

  STEP 1. 이슈 소개
  STEP 2. 이슈 관련 사례
  STEP 3. 이슈 관련 논쟁

- **주의사항**

  이슈는 '장기적인가? 단기적인가?', '확장될 것인가? 축소될 것인가?', '좋은 점만 있는가? 그렇지 않은가?' 등과 같은 논쟁이 필연적으로 존재할 수밖에 없습니다. 논쟁이 치열하게 발생하기 때문에 이슈라는 표현이 사용되는 것이기도 합니다. 따라서 대표 사례 소개 이후, 논쟁에 대한 부분까지 언급하여, 이슈를 입체적으로 이해하고 있음을 기업에 어필하는 것이 효과적입니다. 다만, 논쟁에 대해서 긍정적인 방향으로 마무리 지었을 때, 3문단으로 자연스럽게 연결될 수 있음을 유의할 필요가 있습니다.

- **전개 순서**
  STEP 1. 기업의 향후 방향성
  STEP 2. 나의 향후 방향성

3문단
(300~
500자)

- **주의사항**
  지원 기업의 '지속 성장/미래 전략/확장/신뢰 확보/기술력 고도화' 등을 위해 해당 이슈를 잘 활용하는 것이 중요하다는 전개가 필요합니다. 그 이후 나의 '궁극 포부 달성/직무 역량 고도화' 등을 위해서도, 해당 이슈를 '주목/관찰/추적/관리/적용 시도'할 것임을 다짐하는 것으로 마무리해 보도록 합시다.

2) 사회 이슈 작성 예시(700~1,000자)

1문단
(200~
300자)

STEP 1 주목하는 이슈(1문장, 20~50자)
저는 최근 고객들의 '가치소비 트렌드'에 주목합니다.

STEP 2 직무 관점에서의 이슈 선택 이유(2~3문장, 100~150자)
영업담당자로서 고객의 니즈 다양화를 이해하는 근본적 이슈가 '가치소비 트렌드'라고 판단했기 때문입니다. 트렌드의 변화를 지속해서 추적하는 것이 영업의 중장기 전략 수립에 큰 영향을 미친다고 생각합니다.

STEP 3 지원한 기업과의 접점(2~3문장, 100~150자)
○○ 기업은 B2C 사업 비중이 70%에 육박합니다. 따라서 이러한 구매 트렌드의 변화를 이해하는 것은 사업의 지속 가능한 성장을 위한 전제 조건이라고 생각합니다.

2문단
(300~
400자)

STEP 1 이슈 소개(1문장, 20~50자)
가치소비는 고객이 물건 또는 서비스를 구매할 때 본인만의 명확한 기준을 가지고 소비하는 것을 말합니다.

STEP 2 이슈 관련 사례 1~2가지(2~3문장, 100~200자)

최근 가치소비는 ○○ 학술지에서 3대 마케팅 트렌드로 선정되기도 하였습니다. 선정 이유가 '앞으로 고객을 정의하는 데 가장 중요하기 때문'이었을 정도로 가치소비는 고객의 행동 패턴을 이해하는 중요한 기준이 되고 있습니다. 최근에는 B2C 시장을 넘어 B2B, IT 시장에서도 중요한 키워드로 다뤄지고 있습니다.

2문단
(300~
400자)

STEP 3 이슈 관련 논쟁(1~2문장, 80~150자)

그런데 가치소비가 대중적인 트렌드가 되기에는 한계가 있다는 의견과 이미 핵심 트렌드로 자리잡았다는 의견이 대립하기도 합니다. 이는 가치소비가 어느 영역까지 확장될 수 있는가에 관한 견해 차이에서 시작되었다고 진단할 수 있습니다.

STEP 4 논쟁에 대한 긍정적 언급(1문장, 20~50자)

다만 이미 B2C 시장에서는 가치소비 트렌드가 매출 및 손익과 직결될 정도로 핵심 트렌드에 가깝게 성장했다고 생각합니다.

STEP 1 기업의 향후 방향성(2~3문장, 100~200자)

○○ 기업이 더 높은 수준의 고객 신뢰 확보를 위해 가치소비 트렌드를 영업 전반에 적극적으로 활용할 필요가 있다고 생각합니다. 특히 물류 분야 혁신에 가치소비 트렌드를 반영하는 것이 제1 과제라고 생각합니다. 생산된 제품이 고객에게 어떻게 도달되는가에 대한 차별화된 경험 제공이 필요한 시점이라고 판단했기 때문입니다.

3문단
(200~
300자)

STEP 2 나의 향후 방향성(2~3문장, 100~200자)

입사 후 고객 분석 역량 고도화를 위해 가치소비 트렌드에 지속해서 관심을 가지겠습니다. 이와 관련한 다양한 사례를 능동적으로 학습해서 필요한 시점에 언제든지 전략화할 수 있는 준비를 하겠습니다.

3. 사회 이슈 문항 작성 전 점검 포인트

Point 1 포브스·가드너에서 선정한 주요 이슈

미국의 경제 잡지 포브스(Forbes)와 IT 분야 리서치 기업 가트너(Gartner)에서 발표하는 '10대 전략기술 트렌드'는 사회 이슈를 선택하기 어려울 때 가장 먼저 참고할 수 있는 자료입니다. 두 곳에서 선정한 키워드는 기업들도 미래 전략에 참고하고 이어 기업의 공감을 얻기 쉬운 이슈입니다. 따라서 이슈 선택 이유만 직무 관점에서 잘 설명한다면 매력적인 전개가 될 수 있습니다.

Point 2 단기적인 이슈는 적절하지 않습니다.

단기 이슈의 대표 사례에는 올림픽과 같은 시즌 스포츠, 전염병 확산, 특정 인물의 부각 등이 있습니다. 이런 이슈들은 선택 이유를 직무 관점에서 설명하기 매우 어렵습니다. 또한, 사회를 바라보는 시각이 지나치게 이벤트성, 단기성이라는 인식을 줄 수 있으므로 가능한 한 피하는 것이 좋습니다.

Point 3 부정적 이슈도 부적절합니다.

'분쟁, 감소, 약화, 부정적 평가'로 표현될 수 있는 이슈는 최대한 활용하지 않는 것이 좋습니다. 부정적 이슈는 그것이 부정적임에도 왜 가치 있는지를 설명하는 데 많은 분량을 할애해야 합니다. 그렇게 되면 어필해야 하는 주 논리를 균등하게 작성하기 어려워지므로 가능한 한 긍정적인 이슈를 선택하는 것이 좋습니다.

4. 높은 점수를 얻을 수 있는 사회 이슈 유형 파악하기

마지막으로 대부분 직무에서 부담 없이 선택할 수 있고 기업도 높은 점수를 주는 이슈 유형을 알아보겠습니다. 자기소개서 작성 전 아래 5가지 유형 중 최소 2가지 유형을 선택한 후 700~1,000자로 미리 작성해 보는 것을 추천합니다. 자기소개서 제출 마감일이 다가왔을 때 머리를 하얘지게 만드는 대표 문항이 바로 사회 이슈 문항이기 때문입니다.

유형 1	국제 경제 이슈 유형

이 유형은 환율, 금융, 유가, 주요 국가 간 패권싸움을 언급하는 유형입니다. 기업의 손익이 국제 경제 이슈에 민감하게 얽혀 있음에 주목할 필요가 있습니다.

대표예시	• 중국과 미국의 패권싸움 • 지속적인 유가 하락

유형 2	소비자 구매 트렌드 이슈 유형

이 유형은 영업/마케팅 직무뿐만 아니라 생산/연구개발 직무에서도 활용할 수 있습니다. 소비자 구매 트렌드는 대부분 직무의 업무 방향에 결정적인 영향을 미치는 요소입니다. 따라서 지원 시점에 주목받는 소비자 구매 트렌드를 이슈로 언급하는 것도 기업의 공감을 얻는 좋은 방법입니다.

대표예시	• 가심비 트렌드 • 가치소비 트렌드 • 언택트 강화

유형 3	범용적인 IT 이슈 유형

대부분의 업무는 이미 IT 기술 기반으로 구성되어 있으므로 IT 이슈는 대부분 직무의 현재 목표 및 과업과 자연스럽게 연결될 수 있다는 장점이 있습니다. 인문계 직무는 플랫폼화와 사용자 경험 개선, 이공계 직무는 생산환경 개선과 기술보안 강화 등을 언급할 수 있습니다.

대표예시	• AI 기술 • 정보보안 • Remote

유형 4	고객사 관련 이슈 유형

이 유형은 이슈 선택을 고객사 산업의 이슈에서 선택하는 유형입니다. 예를 들어, 철강 기업이라면 주요 고객이 자동차 기업이므로 자동차 산업 이슈를 선택할 수 있습니다. 반도체 기업이라면 주요 고객 중 하나가 데스크톱 PC 제조사이므로 데스크톱 PC 관련 이슈를 선택할 수 있습니다. 이 유형은 작성법 중 3문단(기업 및 나의 향후 방향성)을 자세히 작성할 수 있다는 장점이 있습니다.

대표예시	• 모빌리티 서비스 • 무게의 혁신

유형 5	직무 관련 이슈 유형

이 유형은 직무에서 주목할 만한 이슈를 직접 언급하는 유형입니다. '직무 관련 국내외 법령 개정, 실무에 처음 적용된 이슈, 최근 활용도가 급증한 이슈, 주요 기업이 활용 예고한 이슈' 모두 작성할 수 있습니다. 예를 들어, 인사 직무라면 블라인드 채용 증가, 연구개발 직무라면 허가와 관련한 법령 개선이 이슈가 될 수 있습니다.

대표예시	• 하도급법 개정 • 모바일 공시 시스템 확대

앞의 5가지 유형의 우선순위를 '범용적인 IT 이슈 유형 → 직무 관련 이슈 유형 → 그 외 유형'으로 설정하는 것이 적절합니다. 먼저 어떤 직무라도 범용적인 IT 이슈를 바탕으로 직무 그리고 지원 기업과의 연관성을 찾아보고자 하는 것이 필요합니다. 다만, 그러한 전개가 어렵다고 판단될 경우에는 직무 관련 이슈를 직접적으로 언급하는 것이 좋으나, 문항의 특성상 해당 이슈를 작성하기 어려운 경우가 있을 수 있습니다. 그런 경우에는 나머지 3가지 유형 중 가장 자신 있게 어필할 수 있는 이슈를 자유롭게 선택하여 작성하는 것으로 진행하면 됩니다.

TIP 강의 바로 가기 ▶

04

자기소개서를
자유롭게 작성해 주세요.
(완전 자유 양식 자기소개서)

외국계 기업은 자기소개서를 자유 양식으로 작성하여 파일로 제출합니다. 일부 국내 기업도 글자 수 제한이 없는 자유 양식 자기소개서를 요구합니다. 취업포털에서 즉시 지원을 할 때에도 자유 양식 자기소개서를 제출하죠. 하지만 이러한 '완전 자유 양식 자기소개서'가 마냥 반가운 것은 아닙니다. 정해진 양식이 없는 자유 양식 자기소개서는 지원자가 직접 문항을 구성해야 하므로 부담스럽습니다. 이러한 부담감을 줄이기 위해 지금부터 기업의 눈에 띌 수 있는 자유 양식 자기소개서 작성법을 알아보겠습니다. 앞서 살펴본 C/C/K/E/A/F/A/ Source 와 회사 지원동기 작성법을 이해했다면 자유 양식 자기소개서를 작성할 준비는 끝났습니다. 지금까지 배운 내용을 자유 양식 자기소개서에 적용해 봅시다.

1. 자유 양식 자기소개서 = 나의 채용 이유 소개문

자유 양식 자기소개서를 제대로 작성하기 위해서는 이 양식을 선택한 기업의 의도를 파악해야 합니다. 물론 자기소개서 문항을 구성할 여유가 없어서 불가피하게 자유 양식을 선택한 기업도 있습니다. 하지만 이런 기업들을 포함해서 자유 양식 자기소개서를 요구하는 대부분 기업의 의도를 다음과 같이 표준화하여 해석할 수 있습니다.

왜 우리가 당신을 채용해야 하는지 아주 자유롭게 작성해 주세요.

자유 양식을 선택한 기업은 성장 과정을 작성했는지, 성격의 장단점을 작성했는지와 같이 개별 문항 작성 여부를 중요한 평가 요소로 삼지 않습니다. 개별 문항을 중시했다면 자유 양식을 선택하지 않았을 것입니다. 문항을 구성하는 것이 그렇게 어렵지 않음에도 자유 양식을 선택했다는 것은 자기소개서를 어떤 방식으로 구성해도 상관없다는 것을 의미합니다. 물론 자유 양식이더라도 기업이 자기소개서를 통해 지원자가 직무에 적합한 인재인지를 점검하고자 한다는 것은 달라지지 않습니다.

따라서 지금부터 자유 양식 자기소개서를 '나를 채용해야 하는 이유를 소개하는 글'로 재정의해서 접근하려고 합니다. 이렇게 재정의를 하고 보니 C/C/K/E/A/F/A가 '나의 채용 이유'를 설명하는 과정이었던 기억이 스칩니다. C/C/K/E/A/F/A를 적극적으로 활용할 공간이 바로 자유 양식 자기소개서입니다. 다만 자유 양식 자기소개서를 작성하기 전 이러한 목소리에 주목해 봅시다.

> **기업 이름조차 제대로 언급하는 사람이 없어요.**
> **자기소개서 한 개로 돌려 쓰는 것 같습니다.**
> **자유 양식인데 /. 성장 과정, ᄂ. 성격의 장단점 이렇게 작성하니 답답합니다.**

자유 양식 자기소개서 기반으로 채용하는 현업 인사담당자가 주로 호소하는 고충입니다. 자기소개서에 회사 지원동기가 없는 경우가 대부분이고 자유 양식임에도 기존 자기소개서 양식으로 작성하는 경우가 많다는 것이죠. 이 고충을 해결해 주는 것만으로도 다른 지원자의 자기소개서보다 우위에 설 수 있습니다. 따라서 회사 지원동기는 반드시 작성해야 하며 전통적인 자기소개서 구성에서 벗어나기 위한 고민이 필요합니다. 지금부터 회사 지원동기와 C/C/K/E/A/F(Action Plan 제외)를 최대한 반영하면서 전통적인 방식과는 다르게 구성하는 매력적인 자유 양식 자기소개서를 작성해 보겠습니다.

2. 가장 합리적인 자유 양식 자기소개서 작성법

1) 5문단으로 구성하기(2,500~3,500자)

> **[1문단]** 회사 지원동기(500자)
>
> **[2문단]** C/C/K/E/A/F 중 Experience Source(500~800자)
>
> **[3문단]** C/C/K/E/A/F 중 Character/Communication/Attitude에서 가장 적절하다고 판단한 1개 Source(500~800자)
>
> **[4문단]** C/C/K/E/A/F 중 Knowledge Source(500~800자)
>
> **[5문단]** C/C/K/E/A/F 중 Future Source(500~800자)

가독성과 평가 요소를 고려했을 때 자유 양식 자기소개서는 위와 같이 5문단(2,500~3,500자)으로 작성하는 것이 좋습니다. C/C/K/E/A/F 중 직무 역량을 직접 어필하는 Knowledge/Experience/Future는 반드시 포함해야 합니다. 나머지 Character/Communication/Attitude 는 다소 간접적인 역량이므로 그중 가장 적절한 1가지만 소개하는 방식으로 구성하는 것이 적절합니다. 다만, Action Plan은 구성상 생략하는 것이 적절합니다.

2) 소제목 자체를 문항화하기

전통적인 자기소개서 문항으로 구성하기보다 '1. Why 회사? 2. Why 직무? 3. Future in 회사'와 같이 소제목을 문항화해서 작성해 보는 것은 어떨까요? 평가자에게 '우리 회사와 직무에 맞춰서 자기소개서를 작성하였구나.'라는 인상을 주는 것이 자유 양식 자기소개서의 목표 중 하나입니다. 기업명, 직무명, 직무 핵심 역량을 소제목으로 활용하는 것이 이러한 목표 달성의 시작입니다. 아래 예시를 통해 구체적인 적용 방법을 살펴보겠습니다.

3) 자유 양식 자기소개서 예시 1(기술영업 직무/반도체 기업)

[1. Why A전자?: 지속적인 신뢰, A전자](500자)
준비된 기술 영업담당자로 '혁신의 현실화'를 통해 고객에게 지속적인 신뢰를 주는 회사의 가치에 대한 확신이 있습니다. 그 이유는 혁신의 현실화를 통해 고객의 다양한 비즈니스 환경에 적용 가능한 메커니즘을 지속적으로 확인시켜 줄 수 있기 때문입니다. 이를 바탕으로 고객이 실질적으로 어떤 것을 얻을 수 있는지를 명확하게 전달할 수 있다고 생각합니다. 그런데 A전자는 (중략) 를 통해 ○○ 기술의 현실화에 성공하였습니다.

[2. Why Sales?: Delivery, Number, Reference](1,500~2,000자)
'역량 1. 인턴과정에서 검증한 간결한 전달 역량'
C/C/K/E/A/F 중 Experience Source 그대로 작성(500~800자)
'역량 2. 숫자에 대한 정확성'
C/C/K/E/A/F 중 Action Plan Source 그대로 작성(500~800자)
'역량 3. 마케팅 사례에 대한 이해'
C/C/K/E/A/F 중 Knowledge Source 그대로 작성(500~800자)

[3. Future in A전자: 기술 트렌드를 전략화할 수 있는 영업 관리]
   (500~800자)
C/C/K/E/A/F 중 Future Source 그대로 작성(500~800자)

4) 자유 양식 자기소개서 예시 2(IT 기획 직무/물류 기업)

[1. Why B로지스틱스?: 사용자 경험 고도화의 정점, B로지스틱스]
(500자)

IT 기획 직무에 대한 확신을 가진 인재로서 '사용자 경험 고도화'에 중점을 두는 기업에서 저의 직무 역량을 확장할 수 있다고 생각합니다. IT 솔루션은 결국 체감, 접근성에 주목해서 사용자 경험을 개선하는 것이 가장 근본적 목적이라고 생각합니다. 따라서 이를 중시하는 기업에서 IT 기획자로서 다양한 시도를 통해 혁신적인 솔루션을 낼 수 있다고 확신합니다. B로지스틱스는 (중략) 를 통해 사용자 경험 고도화를 인정받았습니다.

[2. Why IT Planning?: Possibility, Detail, Intersection](1,500~2,000자)

'역량 1. 실현 가능성을 고려한 기획 역량'

C/C/K/E/A/F 중 Experience Source 그대로 작성(500~800자)

'역량 2. 디테일의 유지'

C/C/K/E/A/F 중 Character Source 그대로 작성(500~800자)

'역량 3. 개발, 운영, 기획 간의 교집합에 대한 이해'

C/C/K/E/A/F 중 Knowledge Source 그대로 작성(500~800자)

[3. Future in B로지스틱스: 기획 과정 중 발생 가능한 리스크의 예측 가능성
향상](500~800자)

C/C/K/E/A/F 중 Future Source 그대로 작성(500~800자)

TIP

다른 자기소개서와 달리 자유 양식 자기소개서는 'Royalty'라는 키워드가 매우 중요합니다. 역량을 빠짐없이 전달하는 것도 중요하지만, '지원 기업 및 직무에 맞춰 자기소개서를 작성하였습니다.'가 어필될 때, 좋은 평가로 이어지는 경우가 굉장히 많기 때문입니다. 따라서 소제목을 통한 회사명, 직무명 언급이 그 무엇보다 중요한 것입니다.

TIP 강의 바로 가기 ▶

PART

자기소개서에서
당신을 괴롭히는 사소한 것들

지금까지 출제 빈도가 높은 자기소개서 문항을 꼼꼼히 살펴봤습니다. 그런데도 여전히 자기소개서를 작성할 때 우리를 괴롭히는 사소한 문제들이 남아있습니다. PART 5에서는 몇 가지 규칙을 통해 말그대로 사소하지만 자기소개서 작성 시간을 많이 빼앗는 문제들을 해결하고 자기소개서 작성 효율을 높여봅시다.

01

소제목 작성하는
5가지 방법

> 눈에 띄는 소제목을 쓰고 싶은데 방법을 모르겠어요.
>
> 반드시 소제목이 있어야 할까요?
>
> 소제목 고민하느라 시간을 많이 빼앗기는데 어떻게 해야 할까요?

저에게 이러한 고민을 털어놓는 학생들이 많습니다. 지금까지 '우리가 직무에 적합한 이유'를 논리적으로 설명하고 기업의 질문에 정확한 답을 하기 위해 노력해왔습니다. 그런데도 자기소개서 내용을 핵심만 짧게 어필해야 하는 소제목은 늘 부담스럽습니다. 내용을 요약하기도 어려운데 개성까지 더하려고 하니 훌륭한 아이디어가 나오지 않죠. 소제목을 잘 쓰기 위해서는 좀 더 근본적인 물음에 답해야 합니다.

> *소제목이 필요한가? 필요하다면 어떤 규칙에 따라 작성해야 하는가?*
> *소제목을 통해 이루어야 하는 목표가 무엇인가?*

이 질문의 답이 소제목의 방향을 결정하는 중요한 근거가 됩니다. 우선 소제목은 반드시 있어야 합니다. 200~300자 분량의 짧은 글에도 소제목을 작성하는 것이 좋습니다. 그 이유를 주요 기업이 자기소개서를 검토하는 방식과 자기소개서 검토에 들이는 시간에서 찾을 수 있습니다. 상위권 대기업은 공채 한 번에 입사지원자 수가 100,000명이 넘는 만큼 공채에서 검토해야 할 자기소개서 양이 상상을 초월할 정도로 많습니다. 기업도 자기소개서를 공들여 읽을수록 지원자를 좀 더 정확하게 평가할 수 있다는 것을 알고 있지만 자기소개서 검토에 투입되는 시간과 인력을 고려했을 때, 자기소개서 검토를 간략히 하는 것이 일반적입니다. 그래서 기업이 선택하는 대표적인 자기소개서 검토 방식이 '취사선택 기반 검토' 또는 '키워드 기반 검토'입니다.

대표적인 자기소개서 검토 방식 2가지

[검토 방식 1] 취사선택 기반 검토
'소제목 + 첫 문단 초반 전개(1~3문장) + 기타 문단 시작 문장 + 글 전체 마무리 문장' 등에 집중해서 자기소개서를 검토하고 평가하는 방식 [30초 ~ 1분 검토]

[검토 방식 2] 키워드 기반 검토
'소제목에서 사용한 키워드 + 본문에서 반복되어 나오는 키워드 3~5개' 등에 집중해서 자기소개서를 검토하고 평가하는 방식 [15 ~ 30초 검토]

2가지 검토 방식에 공통으로 들어가는 것이 소제목입니다. 소제목을 작성하지 않았다고 해서 바로 감점 처리하는 것은 아니지만, 평가 기회를 잃는 것이므로 불리할 수밖에 없습니다. 따라서 불리해지지 않기 위해 가능하면 모든 글에 소제목을 작성하는 것이 좋습니다. 가독성을 고려했을 때 700자 이하는 소제목 1개, 700~1,500자는 소제목 2개, 1,500자 이상이면 소제목 3개로 작성하는 것이 적절합니다. 소제목의 위치는 700자 이하는 글 최상단, 700자 초과는 각 문단 상단이 적절합니다.

그렇다면 소제목을 통해 달성해야 하는 진짜 목표는 무엇일까요? 소제목이 자기소개서를 평가하는 중요한 요소라면 개성보다는 내용을 제대로 요약하는 것이 유리합니다. 그러므로 소제목을 '본문의 핵심 내용을 정확하게 요약하였을 때 가장 가치 있는 것'으로 정의하고 구체적인 소제목 작성 방법을 알아보겠습니다. 지금부터 설명할 5가지 소제목 작성 방법을 이해하고 문항에 적용하는 것을 추천합니다. 한 가지 방식으로만 통일해서 소제목을 작성하면 인위적으로 보일 수 있다는 점 주의 바랍니다. 소제목을 어렵게 생각해서 많은 시간을 들이기보다 소제목 작성하는 5가지 방법을 문항에 적절히 적용하는 것만으로도 평가 방식에 부합하는 소제목을 완성할 수 있습니다.

소제목 작성 5가지 방법

유형 1	콤마 유형 1(영단어 + 국문 설명형)

핵심 키워드를 영단어 한 개로 제시한 후 우리말로 간단하게 설명하는 방법입니다. 본문의 핵심을 한 문장에 압축하여 표현할 수 있어 효과적입니다. 대부분의 문항에 활용할 수 있으므로 문항 1~2개 정도는 이 방법으로 소제목을 작성하는 것이 좋습니다.

대표예시	• Lifestyle, 고객의 체감에 주목 • Chain, 공정 간 연결고리 • Risk, ○○ 기업의 방향성
유효문항	• 500~700자 분량의 직무 역량 설명 문항 • 직무 지원동기 문항 • 회사 지원동기 문항

유형 2	콤마 유형 2(영단어 2~3개 나열형)

핵심 키워드를 영단어 2~3개로 나열하는 방법입니다. 본문 내용이 비교적 긴 경우나 2문단 이상으로 구성된 경우, 장단점을 동시에 언급하는 경우 등에 적합한 방식입니다.

대표예시	• Talk, Feedback, Strategy • Risk, Retention • Research, Delivery, Data
유효문항	• 입사 후 포부 문항 • 700자 이상의 직무 역량 설명 문항 • 성격 및 역량의 장단점 문항

유형 3	주어 없는 서술 유형

본문에 서술한 경험의 결과 또는 결과를 만든 핵심 노하우를 간단히 서술하면 됩니다. 경험을 직접 묻는 문항에 적극적으로 적용할 수 있는 유형입니다.

대표예시	• 11% 향상시키다. • 기본에 집중하다. • 공감하고 공유하다.
유효문항	• 도전/창의/글로벌/갈등 해결/리더십/팀워크/실패 극복 등의 경험 문항

유형 4	'~에서 배운/깨달은/알게 된' 유형

자기소개서에 서술한 경험의 배경과 경험을 통해 배운 점을 동시에 언급하는 유형입니다. 평가자가 경험의 배경을 한눈에 파악할 수 있는 방법이므로 핵심적인 에피소드를 서술할 때 활용하는 것이 좋습니다.

대표예시	• ○○ 인턴과정을 통해 배운 능동의 중요성 • ○○ 실습을 통해 깨달은 적용 메커니즘 • ○○ 활동을 통해 알게 된 상생의 가치 등
유효문항	• 가장 자신 있는 핵심 에피소드로 답변한 문항 • 성장 과정 문항

유형 5	'등호(=)' 활용 유형

마지막 방법은 '등호(=)'를 활용하는 방법입니다. 소제목에 활용할 수 있는 유일한 기호를 등호라고 해도 과언이 아닙니다. 다른 기호들은 의미 전달에 혼란을 줄 수 있으나 등호는 '직무 역량 = 궁극 포부'와 같이 명확하게 설명할 수 있다는 장점이 있습니다.

대표예시	• Detail = Risk Management • 구조적 이해 = 표준화의 완성 • 정확한 전달 = 고객 유지
유효문항	• 직무 지원동기 문항 • 모든 유형의 직무 역량 관련 문항 • 입사 후 포부 문항

02

원칙 준수 경험의
비중이 커지고 있다.

우리가 생각하는 것보다 기업 내부에서 비리나 부당행위가 꽤 빈번하게 발생합니다. 기업의 자정 노력으로 줄어들고는 있지만 지금도 기업 내부 구성원의 부적절한 행위가 지속해서 발생하고 있습니다. 물론 다양한 배경을 가진 사람들이 모인 조직이다 보니 완전무결할 수는 없겠죠. 다만 기업의 인식 자체가 '그럴 수도 있다. 다시 안 그러면 된다.'식에서 '비리나 부당행위가 한 번이라도 발생하면 시장에서 도태되고 고객에게 외면 받는다.'로 점차 변화하고 있습니다. 그만큼 사회가 기업에 요구하는 도덕적 기준이 높아졌고, 기업도 그 기준에 부합하기 위해 부단히 노력하는 것입니다.

그런데 기업 내 부적절한 행위를 기업의 의지와 노력만으로 막기에는 역부족입니다. 수만 명의 임직원이 있는 대기업이 만약의 사고를 막기 위해 임직원 한 명 한 명의 행동을 분석하고 의심하는 것도 적절하지 않기 때문입니다. 그래서 기업은 채용 단계에서 이러한 위험 요소가 없는 인재를 선발하는 것이 근본적 해결책이라고 판단했고, 이를 위한 다양한 검증과정을 도입하고 있습니다. 그 일환으로 자기소개서에서 과거에는 없던 아래와 같은 문항의 출제 비중이 높아지고 있습니다.

> 어려운 상황에서도 원칙을 지켰던 경험을 기술해 주세요.
> 지금까지 살면서 가장 정직했던 경험을 기술해 주세요.
> 자신의 불리함을 감수하고 정직함을 지킨 경험을 기술해 주세요.

앞서 살펴봤던 도전, 창의, 글로벌, 갈등 해결, 리더십, 팀워크, 실패 극복 경험 외에 위와 같은 원칙/정직 경험을 점검하는 사례가 점차 증가하고 있습니다. 특수한 문항으로 치부하기에는 이미 꽤 많은 기업에서 출제하고 있는 문항이므로 출제 의도와 대응방법을 깊이 있게 이해해야 합니다.

1. 원칙/정직 경험 문항 출제 목적

[Case 1] 편법으로 단기간에 실적을 달성하여 조직 내 호평을 받으려고 하는 것
[Case 2] 과거 악습이나 병폐를 큰 의심 없이 그대로 따르는 것
[Case 3] 정해진 내·외부 규정이나 프로세스를 무시하거나 임의로 건너뛰는 것

> **[Case 4]** 본인에게 불리한 사실을 숨기거나 축소하는 것
> **[Case 5]** 회사에 손해를 끼치고 부당하게 개인 이득을 취하는 것

입사 후 실무를 수행하면서 맞닥뜨릴 수 있는 이러한 유혹의 상황에서 어떤 선택을 할지를 가늠하려는 것이 출제 목적의 전부라고 할 수 있습니다. 이런 사람으로 평가받지 않기 위해 원칙/정직 경험 문항을 어떻게 작성해야 할지 핵심 포인트를 짚어 봅시다.

2. 원칙/정직 경험 작성 전 점검 포인트

Point 1 재정의는 '엄격히 지키는 것'이 유일한 답

'원칙/정직이란 엄격히 지키는 것입니다.' 또는 '원칙/정직이란 엄격히 지키는 것에서부터 시작합니다.'로 재정의를 통일해서 작성합시다. 다른 경험들과 달리 원칙/정직 경험의 재정의는 이렇게 한 가지로 전개하는 것이 적절합니다. 예를 들어, 창의 경험은 여러 유형의 재정의가 있을 수 있으며 성공 경험도 다양한 성공의 재정의 중에서 나의 경험에 맞는 것을 선택할 필요가 있습니다. 이렇게 대부분의 경험은 재정의의 정답이 따로 있지 않지만 원칙/정직 경험은 정답이 있습니다. '원칙을 지킨다는 것은 규정이나 약속을 엄격히 지키는 것', '정직이란 남이 알아주는 것과 관계없이 원칙과 규정을 엄격히 지키는 것'으로 재정의 방향을 정하고 그에 부합하는 에피소드를 생각하는 것이 좋습니다. 엄격히 원칙/정직을 지키는 이유를 '당연히 그래야 하니까' 정도로

만 전개하는 것은 적절하지 않습니다. 원칙/정직을 지킴으로써 장기적인 관점에서 위험을 줄일 수 있고, 예측 가능성도 높일 수 있다는 전개를 적극적으로 활용하기를 바랍니다.

Point 2 경험의 배경보다는 에피소드가 중요

인턴 경험, 동아리 경험, 학회 경험, 아르바이트 경험 등 어떤 경험도 좋습니다. 직무와 무관하거나 Main 경험이 아니더라도 '엄격히 지켰던 에피소드'만 명확하게 도출할 수 있다면 충분히 활용 가능합니다.

Point 3 성과에 대한 부담감 내려놓기

원칙을 지켰다고 해서 반드시 큰 성과가 있을 필요는 없습니다. 끝까지 아무도 몰랐지만 혼자 묵묵히 지킨 경험도 에피소드만 적절하다면 작성할 수 있습니다. 성과가 명확하지 않아서 에피소드를 고르지 못하는 경우가 많은데, 원칙/정직 경험에 한해서는 성과가 큰 의미가 없음을 기억하면 좋겠습니다.

Point 4 보통의 방식과의 비교 중요

글 중간에 '보통은 ~한 방식으로 행동하는데, 저는 그렇게 하지 않았습니다.'와 같은 문구가 들어갈 수 있도록 신경 써 봅시다. 원칙/정직 경험에서 여러분이 한 행동이 많은 사람이 일반적으로 하는 행동이라면 매력이 없을 수 있습니다. 따라서 '많은 사람이 편하다는 이유로 ~한 방식으로 행동하는데, 원칙을 중시하는 저는 그렇게 하지 않았습니다.'로 어필하는 것이 좋습니다.

3. 원칙/정직 경험으로 채택 가능한 3가지 대표 유형

[유형 1] 정해진 규칙을 엄격하게 지키는 유형

Ex) 동아리 부회장으로 활동하면서 축제 기간에 주막을 주도적으로 운영한 경험이 있음 → 주막을 운영하면 대학본부에 신고하는 규정이 있음 → 대부분의 동아리는 학과 행정실에 간단히 이야기한 후 진행하였고 대학본부도 이를 크게 신경 쓰지 않았음 → 주막 준비로 바빴으나 대학본부에 정식으로 신고하는 것이 운영 위험을 줄이는 데 필요하다고 판단해서 대학본부에 신고함 → 추후 주막 관련 현황 조사에서 우리 동아리만 정상 운영한 것으로 인지됨

[유형 2] 사소하지만 의미 있는 약속을 지키는 유형

Ex) 인턴십 첫날 사수로부터 내부 전기 절약 캠페인에 대한 설명을 들음 → 퇴근 시 모든 직원이 사용한 전기제품 전원을 끄는 것이 캠페인의 내용이었음 → 사수와 다른 인턴들은 이 캠페인을 실천하지 않았음 → 캠페인을 실천하는 것이 의미 있다고 판단해서 인턴십 내내 지켰음 → 인턴십 마지막 날 선배들에게 이와 관련한 칭찬을 들었음

[유형 3] 공론화하거나 솔직히 고백하는 유형

Ex) 동아리 총무로서 회계 오류가 발생한 것을 뒤늦게 알게 되었음 → 380원 정도의 소액 오류였으므로 공론화하는 것에 대한 고민이 있었음 → 동아리 운영 규칙에 회계 오류가 있으면 전체 회의를 개최해야 한다고 되어 있음을 확인함 → 이에 따라, 운영진에게 모든 것을 솔직히 말하고 전체 회의 개최를 요청하였음 → 전체 회의에서 오류가 발생한 이유를 동아리원들에게 자세히 설명했음 → 동아리원들로부터 오히려 먼저 말해 줘서 고맙다는 말을 들음

원칙/정직 경험을 500~1,000자로 작성할 때는 'PART 3. 7대 경험 Source 만들기'와 동일한 방식으로 작성하면 됩니다.

✓ **1문단**: 원칙/정직에 대한 재정의 1문장
→ 재정의한 이유 1~2문장
→ 가장 대표적인 원칙/정직 경험 간단 소개 1문장

✓ **2문단**: 경험의 이유, 역할, 문제 상황 2~3문장
→ 재정의를 적용한 경험 설명 4~8문장
→ 경험의 최종 결과 1문장

✓ **3문단**: 직무를 수행하면서 경험하게 될 상황 가정 1~2문장
→ 재정의를 통한 극복 의지 설명 1~2문장

03

역량의 약점? 성격의 약점?
분명한 준비가 필요하다.

성격의 강약점을 자세히 기술하시오.

본인의 장단점에 관해 설명하시오.

본인의 가장 큰 약점과 이를 보완하기 위한 계획을 설명하시오.

자기소개서에 나의 강점을 정확히 설명하는 것도 쉽지 않습니다. 그런데 여기에서 나아가 기업은 약점에 대한 설명까지 요구하고 있습니다. 기업이 강점만큼이나 약점에 주목하는 이유가 무엇일까요? 그 이유는 바로 지원자가 직무 역량을 내재화하고 있는지를 점검하고, 치명적인 단점이 있는지를 파악하기 위해서입니다. 기업은 직무 역량을 제대로 갖춘 인재라면, 강점뿐만 아니라 본인의 한계와 약점을 객관화할 수 있어야 한다고 생각합니다. 약점을 어떻게 설명하는지를 확인함으로써 직무에 준비된 인재인지 판단할 수 있다는 것입니다. 이러한 목적을 '직무 역량 내재화 점검 목적'이라고 할 수 있습니다.

또한, 대부분의 자기소개서 문항은 지원자의 강점이나 업적을 기반으로 작성하게 됩니다. 그렇다 보니 지원자의 '진짜' 부족한 부분을 파악하기 어렵습니다. 따라서 긍정적인 에피소드나 긍정적인 역량 위주로만 평가하는 것을 방지하고자 약점을 적극적으로 묻는 것입니다. 이 과정에서 채용할 수 없는 수준의 내용을 기재한 지원자를 효율적으로 거를 수 있는 도구가 될 수 있습니다. 이러한 목적을 '치명적 단점 발견 목적'이라고 할 수 있습니다.

이렇게 약점 문항 출제 의도를 정리해도 여전히 의문이 남습니다.

> **도대체 어떤 키워드로 약점을 설명해야 치명적이지 않으면서 직무 역량을 갖춘 사람으로 보일 수 있을까요?**

이 질문에 답하기 위해서는 약점을 '역량의 약점'과 '성격의 약점' 2가지로 나눠서 이해하는 것이 필요합니다.

1. 역량의 약점

1) 역량의 약점이란?

역량의 약점은 자기소개서 문항에서 '본인의 약점', '본인의 가장 큰 단점'과 같이 성격의 약점을 직접적으로 물어보지 않을 때 해당되는 유형입니다. 보통 기업에서 성격의 약점을 확인하고 싶으면 성격을 직접적으로 물어봅니다. 따라서 성격을 특정하지 않았을 때는 '약점', '단점', '보완점' 등 용어에 관계없이 모두 역량의 약점이 무엇인지를 물어보는 것으로 해석합시다. 그렇다면 역량의 약점이란 구체적으로 무엇일까요? 다양한 경험과 전공 지식을 바탕으로 직무 역량에 많은 강점이 있더라도 신입사원인 만큼 갖추지 못한 역량이 있을 수 있습니다. 이렇게 불가피한 역량의 한계를 적는 것이 기업이 원하는 답임을 꼭 기억합시다. 예를 들어, 인사 직무에 지원했던 저는 법학도였기에 경영학에 대한 이해가 부족할 수밖에 없었습니다. 경영학에 대한 부족한 이해를 빠르게 보완하지 않는다면 인사 업무를 수행하는 데 한계가 있을 수밖에 없으니 역량의 약점이 될 수 있습니다. 이런 방식으로 고민하여 키워드를 정하도록 합시다.

2) 잘못된 접근

- 해당 업무를 직접 수행해 본 경험이 없음을 약점으로 채택하는 경우
  (→ 모든 신입사원의 공통된 한계이기 때문에)
- 성격이라는 키워드가 없는 약점 유형 문항에 성격의 약점을 작성하는 경우
  (→ 성격의 약점은 직접 물어본 경우에 한하여 제한적으로 작성하는 것이 평가에 절대적으로 유리하기 때문에)

3) 역량의 약점 극복 방법

구체적인 교육과정, 학위, 자격증, Tool, 참고문헌, 참고홈페이지 등을 극복 방법으로 언급할 수 있어야 합니다. 불가피하게 갖추지 못한 역량이기 때문에, 능동적으로 학습하겠다는 전개가 극복 방법의 유일한 솔루션이 됩니다. 만약 2단계 이상의 능동 학습 계획을 설명할 수 있다면, 더욱 매력적인 극복 방법 논리가 완성될 수 있을 것입니다.

4) 채택 가능한 역량의 약점 유형

유형 1	데이터·통계 등과 관련한 한계

직무 핵심 역량으로 분석력을 강조했을 때 활용할 수 있는 약점 유형입니다. 분석을 고도화하기 위해서는 일정 수준의 데이터 및 통계 지식 혹은 관련 프로그램에 대한 이해가 필요합니다. 최근 기업도 대부분 직무에서 데이터 및 통계 분야 역량을 강조하고 있음에 주목해 봅시다.

유형 2	전략적 의사결정과 관련한 이론적 한계 (경영학에 대한 이론적 한계)

경영학도가 아니라면 누구나 활용할 수 있는 약점 유형입니다. 의사결정 방법과 최적의 결과를 도출할 수 있는 자원 활용법을 배우는 학문이 경영학입니다. 공학도뿐만 아니라 그 외 인문계 전공자들도 이러한 이론적 배경을 갖추지 못한 경우가 많습니다. 따라서 이를 약점으로 인정하고 보완하겠다는 것은 추후 직무 수행 중 의사결정을 합리적으로 하겠다는 의지를 어필하는 데 효과적일 수 있습니다.

유형 3	적용 사례의 한계

최선을 다해 직무 역량을 갖춰 왔음에도 실제 사례에 적용해 보지 못한 한계를 약점으로 인정하는 유형입니다. 이를 극복하기 위해서 '입사 후 열심히 경험하겠습니다.'보다는 '실무를 수행하면서 다양한 사례의 중요성을 인지하고, 많은 사례를 내재화하기 위해 노력하겠습니다.'로 설명하는 것이 적절합니다.

유형 4	전체 프로세스 이해의 한계

아직 경험이 많지 않기 때문에 직무 관련 지식이 있더라도 전체 프로세스를 완벽하게 이해하고 있지 않을 수 있습니다. 이를 약점으로 설정하고 구체적인 보완 방안을 제시한다면 기업의 공감을 얻을 수 있습니다.

유형 5	특정 개념 및 이론에 대한 이해

업무를 원활히 수행하기 위해 보완이 필요한 이론적 배경이 무엇인지 생각해 봅시다. 예를 들어, IT 직무라면 특정 언어에 대한 이해, 영업 직무라면 CS, CRM에 대한 이론적 이해, 인사 직무라면 근로기준법 판례에 대한 이해 등을 언급할 수 있습니다. 업무 수행에 필요한 이론이나 개념임에도 불가피하게 갖추지 못한 경우 이를 약점으로 설명하는 것은 절대 감점 요소가 아닙니다. 오히려 직무에 준비된 인재로서 자기 객관화를 잘한 것으로 평가할 수 있습니다.

유형 6	시각화·요약 등의 한계

훌륭한 결과물을 도출하였음에도 그것을 요약하거나 보기 좋게 시각화하는 데 어려움을 겪는 경우가 있습니다. 경험이 부족한 신입사원이 충분히 어려워할 수 있는 부분이죠. 따라서 분석 혹은 결과물 도출로 역량상 강점을 어필했다면 요약하고 시각화하는 데는 아직 한계가 있다고 약점을 잡는 것도 직무에 따라 효과적일 수 있습니다.

2. 성격의 약점

1) 성격의 약점이란?

성격의 약점은 자기소개서 문항에 '성격의 약점', '성격의 단점', '성격의 장단점'과 같이 성격이 직접적으로 지정되어 약점을 확인하는 유형입니다. 이 유형은 성격의 약점이 성격의 강점에서 비롯된 것이어야 설득력이 있다는 특징이 있습니다. 성격의 약점을 강점과 완전히 분리하면 왜 그런 약점을 가지게 되었는지를 명확하게 설명하기 어려우므로 가능한 한 성격의 강점과 약점을 관련시키기 위한 노력이 필요합니다. 예를 들어, 성격의 강점을 디테일하다는 것으로 잡았다면 디테일한 요소에 집중하다 보니 시간을 효율적으로 배분하는 데 어려움을 겪는 것을 단점으로 잡을 수 있겠죠. C/C/K/E/A/F/A에서 정한 성격의 강점에서 파생될 수 있는 약점이 무엇인지 생각해 봅시다.

2) 잘못된 접근

- 성급한 성격
- 친화력에 한계 있는 성격
- 꼼꼼하지 못한 성격
- 혼자 있는 것을 즐기는 성격
- 끈기 없는 성격
  (→ 바로 필터링 될 수 있는 대표적인 키워드들이기 때문에)

3) 성격의 약점 극복 방법

성격의 약점 극복 방법은 '메모나 스케줄링 강화를 통해 고쳐 가고 있거나', '성격이 고쳐지고 있는지를 많은 사람에게 검증 받고 있거나', '성격이 변화되는 것을 더 짧은 주기와 간격으로 스스로 추적 관리하고 있거나' 정도로 작성하는 것을 추천합니다. 성격의 약점은 개인의 본성과 관련된 것인 만큼, 극복 방법을 지나치게 구체화하기보다 이 정도 수준에서 가볍게 이야기하는 것이 좋은 평가를 받는 전략일 수 있습니다.

4) 채택 가능한 성격의 약점 유형

유형 1	스스로 생각이 점점 많아지는 유형

완성도를 높이고 실수하지 않기 위해 고민하다 보니 생각이 점점 많아진다는 것을 약점으로 잡을 수 있습니다. 생각이 지나치게 많아서 발생하는 부작용을 진솔하게 언급한다면 기업의 공감을 끌어내면서 성격의 강점과 수월하게 연계할 수 있습니다.

유형 2	마감을 맞추는 데 어려움을 겪는 유형 (우선순위 설정의 어려움 유형)

하나도 빠짐없이 다 잘하려고 하다 보면 나올 수 있는 성격의 약점입니다. 현실적으로 어떤 업무도 완벽하게 수행할 수는 없습니다. 시간과 자원에 엄격한 제한이 있기 때문이죠. 따라서 모든 것을 완벽하게 하려고 하다 보면 마감을 맞추거나 우선순위를 설정하는 데 큰 혼란을 겪을 수 있음에 주목해 봅시다.

것일까요? 그런 기업이 아예 없다고 할 수는 없지만 대부분은 아이디어 문항을 지원자의 아이디어를 실제로 활용하기 위한 목적으로 출제하지 않습니다. 아이디어가 필요하다면 공모전을 통해 수준 높은 아이디어를 얻을 수 있겠죠. 아이디어 도출 문항 출제 목적을 지원한 기업에 대한 평소 관심도를 점검하고 구체적인 아이디어 제안이 가능한 인재를 채용하기 위한 것으로 볼 수 있습니다. 이러한 목적을 제대로 이해하기 위해서는 아이디어 도출 문항의 전, 후반부 특징을 살펴볼 필요가 있습니다.

1. 문항 전반부의 특징

1) 문항 전반부 사례
'실제 사용자로서 느낀 장단점을 기술하고……', '평소 우리 브랜드에 대해서 어떤 생각을 가졌는지 기술하고……' 등

2) 문항 전반부 출제 목적
지원 기업에 대한 평소 관심도 점검 목적

3) 작성 시 주의해야 할 점
실제 소비자로서 느낀 점을 이야기하는 것이 중요합니다. 이 유형의 문항들은 보통 B2C 비중이 높거나 영업 직무 비중이 높은 기업에서 두드러지게 출제되고 있습니다. 이런 기업들은 증권사 리포트 혹은 뉴스, 홈페이지에 있는 내용이 아닌 실제 소비자로서 어떤 것을 느꼈는지를 중시합니다. 따라서 사소한 것이라도 고객 관점에서 이야기하는 것이 효과적입니다. 이 과정을 통해, 지원 기업 및 상품에 대해서 평소에도 세세하게 관찰하고 있다는 어필을 할 수 있기 때문입니다. 단, B2C나 영업 위주의 기업이 아닌 경우에는 기업이나 상품의 '브랜드 경쟁력, 제품 자체 경쟁력, 연구 관련 경쟁력'을 강점으

로 잡는 것이 표준이 될 수 있습니다.

4) 작성 가능 예시

- 통신 전문 기업의 강점을 폭넓은 멤버십 활용, 약점을 APP 구성의 복잡성으로 구성하기
- 전국단위 유통기업 강점을 Self 계산대 안정화, 약점을 냉동·냉장 식품 라인업의 단순화로 구성하기
- 스테디셀러 과자의 강점을 염분 및 칼로리 관점, 약점을 잦은 광고 모델 교체로 구성하기

2. 문항 후반부의 특징

1) 문항 후반부 사례

'… 개선할 수 있는 아이디어를 기술하시오.', '… 경쟁력 확보를 위한 제언을 기술하시오.' 등

2) 문항 후반부 출제 목적

구체화된 아이디어 제안이 가능한 인재 채용 목적

3) 작성 시 주의해야 할 점

최대한의 구체화가 필요합니다. 구체화는 '명확한 카테고리 구분, 단계별 해결방법 제시, 기대효과 제시, 실행시기 특정, 투입인력 확정, 비용 추산' 등이 가능한 한 많이 언급되었을 때 완성될 수 있습니다. 또한, 문항 전반부에서 진단한 기업 및 상품의 장점을 증폭하거나 단점을 보완하는 형태로 아이디어를 도출하는 것이 적절합니다. 그래야 아이디어 제안의 배경 설명이 명확하게 전달될 뿐만 아니라, 체감 가능한 구체화된 아이디어가 도출될 수 있기 때문입니다.

4) 작성 가능 예시
- 주로 움직이는 동선의 불편함 보완을 위한 동선 조정 아이디어
- 인터페이스가 복잡한 APP을 개선하기 위한 접근성 간소화 아이디어
- Self 계산대의 장점을 고도화한 Self CS 센터 아이디어 등

3. 아이디어 도출 문항 작성 예시(800~1,000자)

[Q. 평소 ○○ 편의점 이용 시 느꼈던 장단점을 기술하고 ○○ 편의점 경쟁력을 제고할 수 있는 아이디어를 제시하시오.]

STEP 1 기업 및 상품에 대한 진단(1~2문장, 50~100자)
○○ 편의점은 고객의 다양한 개성에 대한 이해를 바탕으로 차별화된 서비스를 제공하고 있습니다.

[1문단]

STEP 2 기업 및 상품의 강점(2~3문장, 100~150자)
○○ 편의점의 강점은 시즌 프로모션의 수준이 높다는 점입니다. 특히 연령대를 최대한 넓게 잡고 연령 특성에 맞는 PB 상품 출시 및 프로모션 진행이 최대 강점입니다.

STEP 3 기업 및 상품의 약점(2~3문장, 100~150자)
다만 6개 지점을 방문한 결과 지점마다 계산대 주변의 상품이 모두 다르게 배치되어 있는 것을 발견하였습니다. 계산대는 2차 소비가 발생하는 중요한 부분임에도 배치가 통일되지 않았습니다.

[2문단]

STEP 1 아이디어 소개(1문장, 25~50자)
그래서 ○○ 편의점 경쟁력 향상을 위해서는 계산대 주변 구역 구분이 중요하다고 판단했습니다.

STEP 2 아이디어 제안 이유(1~2문장, 50~100자)

현재 계산대 앞에는 많은 연령대가 이용하는 제품이 혼재해 있습니다. 따라서 이를 'Adults Zone'과 'Kids Zone'으로 나눈다면 타깃에 맞는 전략 도출이 가능하다고 판단했습니다.

STEP 3 아이디어 구체화 방안(3~6문장, 350~500자)

[2문단]

우선 계산대 바로 앞을 'Adults Zone'으로 구성하고자 합니다. 실제 계산과 관련된 행위가 발생하는 지점인 만큼 어린이보다는 어른이 주로 사용하는 제품 배치가 합리적이라고 생각합니다. 별도 디자인된 계단식 4단 구성을 통해 홍삼 제품, 숙취해소 제품, 기타 건강제품, 전자담배를 배치하여 어른을 위한 구역으로 특화하겠습니다. 현장을 여러 차례 방문한 결과 어린이는 어른이 계산하는 것을 기다릴 때, 계산대에서 평균 30~40cm 정도 떨어져 있다는 것을 알 수 있었습니다. 이러한 행동 패턴을 바탕으로 계산대 좌우측 공간은 어린이를 위한 'Kids Zone'으로 구성하겠습니다. 이 공간은 어린이의 키를 고려해 단층 1단 구성으로 소형 장난감, 젤리, 사탕 제품, 초콜릿 제품을 배치하겠습니다.

STEP 4 아이디어를 통해 얻을 수 있는 기대효과(1~2문장, 50~100자)

이를 통해 계산대에서의 2차 소비를 촉진하고, ○○ 편의점의 전 연령대 지향 정체성을 분명하게 전달할 수 있다고 생각합니다.

이러한 방식은 '새로운 사업 아이디어를 제안하시오.', '우리 기업의 발전을 위해 필요한 전략이 무엇이라고 생각하시나요?'와 같은 포괄적인 아이디어 기술 문항에도 적용 가능합니다.

대기업 인사담당자가 제안하는 합격 자소서 가이드

해커스

별난 경험 없이도

합격 하는

자소서

초판 3쇄 발행 2025년 1월 13일
초판 1쇄 발행 2020년 8월 3일

지은이	권준영
펴낸곳	(주)챔프스터디
펴낸이	챔프스터디 출판팀

주소	서울특별시 서초구 강남대로61길 23 (주)챔프스터디
고객센터	02-537-5000
교재 관련 문의	publishing@hackers.com
학원 강의 및 동영상강의	해커스잡 사이트(ejob.Hackers.com) 교재 Q&A 게시판
	ejob.Hackers.com

ISBN	978-89-6965-180-8 (13320)
Serial Number	01-03-01

취업 강의 1위,

해커스잡 **ejob.Hackers.com**

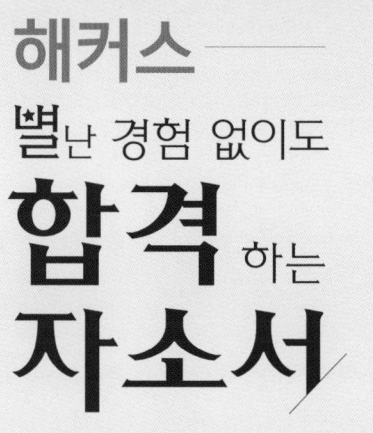 해커스잡

- 실제 글자 수를 확인하며 자소서를 써볼 수 있는 **자소서 템플릿**
- 권준영 선생님의 **자소서 TIP 무료 특강** 및 **전형별·영역별 취업 무료강의**
- 권준영 선생님의 **본 교재 인강**(교재 내 할인쿠폰 수록)

[취업 강의 1위] 헤럴드 선정 2018 대학생 선호 브랜드 대상 '취업 강의' 부문 1위

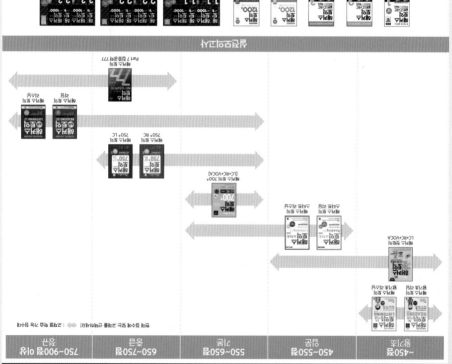

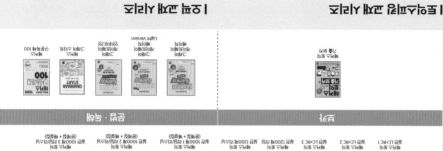

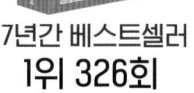
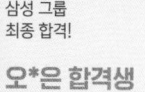

해커스

별난 경험 없이도
합격 하는
자소서

특별한 경험이 없어도 누구나 따라만 하면
합격하는 자소서를 쓸 수 있다!

쉽게 알아보기
前 인사담당자가 알려주는
자소서 작성법 파악하기

쉽게 배워보기
다양한 사례와
자소서 작성 TIP으로
자소서 작성 방향 설정하기

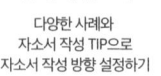

쉽게 써보기
자소서 템플릿으로
나만의 자소서 완성하기

"자소서 전략 정말 도움 많이 됩니다."

정말 세세하게 항목별로 써야 하는 포인트와 문단 구성법, 심지어는 문장 내 포인트까지도 알려주시는데 너무
도움이 많이 됩니다. 그냥 복붙해서 수정하는 자소서가 아닌 제대로 된 자소서 하나 써서 냅니다.

– 취업인강 수강생 ble****** –

정가 **14,900**원

13320

9 788969 651808

ISBN 978-89-6965-180-8

유형 3	긴장을 많이 하는 유형

결과에 큰 영향을 주지 않는 선에서 늘 긴장감을 유지하는 성격을 약점이라고 표현할 수 있습니다. 긴장감을 적당히 떨쳐내는 것도 업무를 지속하기 위해서 중요하므로 이 부분에 한계가 있다고 언급하면 성격의 약점을 진솔하게 전달할 수 있습니다.

유형 4	시작이 늦어지는 유형

사전 계획을 완벽하게 수립하는 데 신경 쓰다 보니 시작이 늦어진다는 점을 약점으로 표현할 수 있습니다. 시작이 늦으면 아무리 훌륭한 준비를 했더라도 결과에 악영향을 주는 경우가 많다는 것에 주목해서 전개해 봅시다.

유형 5	인간관계를 기반으로 의사결정 하는 유형

의사결정에서 논리보다는 인간관계를 우선으로 두는 유형입니다. 아무래도 인간관계를 중시하다 보면 합리적인 의사결정보다는 감정적인 의사결정이 많을 수밖에 없겠죠. 업무 수행 시 많은 이해관계자와 부딪혀야 하는 직무에서 전략적으로 활용할 수 있는 약점입니다.

04

기업, 제품, 서비스
장단점 분석 및 아이디어 도출

평소 ○○ 편의점 이용 시 느꼈던 장단점과 ○○ 편의점 경쟁력을 제고할 수 있는 아이디어를 제시하시오.
당사의 제품 및 서비스 중 가장 선호하는 것을 선정하고, 타사 유사 제품 및 서비스 대비 보완점을 작성하시오.

지원자의 원성을 가장 많이 듣는 유형의 문항입니다. 단순히 어려워서라기보다 '아이디어만 쏙 빼먹으려고 하네.'라는 심리적 반발에서 나오는 원성이 많은 편이죠. 물론 작성하는 것 자체도 쉽지 않습니다. 그렇다면 기업이 아이디어 도출 문항을 출제하는 이유는 무엇일까요? 정말 여러분의 아이디어를 많이 읽어 보고 좋은 것은 실제로 활용하려는